中国经济体制改革研究会
电力体制改革研究组

深化中国电力体制改革绿皮书

——纲要

Green Book of Deepening
the Reform of China's Electric Power system

主　编　武建东

副主编　吴　疆　刘延宁

光明日报出版社

《绿皮书》编委会

善事利器，
深化中国电力体制改革论要

中国经济体制改革研究会电力体制改革研究组

电力体制改革是否应该成为建设中国生态文明、转变经济增长方式的排头兵？新一轮城镇化建设的创新前提是否应该优先推进电力体制改革？推动新产业革命是否需要对目前的国家电网公司的发展模式实施总体改革？这是推动我国能源生产和消费革命之居轴处中的战略选项，也是秉要执本的改革大戏！

自 2002 年国务院印发《电力体制改革方案》（国发〔2002〕5 号文件）以来，电力体制改革历经十年。但是，传统的集中电力管理体制与智能化的分布式电力能源管理模式之间矛盾越来越突出；国家电网公司的集权管理模式与我国能源经济发展的内在结构越来越难以协调；改革的历史红利也越来越明确，通过电力体制改革既要实现电力产业利益的公平分配，也可以提高我国符合新产业革命的能源竞争力。

目前来看，电力体制既是我国行业改革的深水区之一，也是中国推动新一轮城镇化建设的前提，而且具备诸多率先启动新一轮改革的有利条件，宜于抓住有利时机及时启动新一轮电力体制改革，实现我国经济结构的战略性升级。我们可以通过电力体制改革置换出繁荣的电力市场经济体系、国际领先的高级产业能力和全社会广泛参与的先进的能源生产和消费效率。

市场经济的国家以非市场经济的国家电网的垄断模式解决市场经济发展所需的电力能量，这在世界大型经济体内没有先例，也不可能无限延续，推进电力市场经济体制建设，中国也不会例外。幅员辽阔的国家以计划经济和政府管制为主实行电力、燃气、热力等分业割据发展以形成高等能源效率，这在全球也没有先例，发展全国性的智能能源网，中国也不可能置身度外。限制电力生产者和消费者直接互动，国家电网为王，贵冠履轻头足，错配电力要素，阻碍能源互联网变革，这与新一轮城镇化建设难以兼容。

1. 把握历史机遇、加快启动新一轮电力体制创新改革

十八大报告指出，到 2020 年实现国内生产总值和城乡居民人均收入比 2010 年翻一番战略目标。这意味着电力消费即使包括节能因素、也将从目前的年度消费超过 5 万亿千瓦时提升到 8－10 万亿千瓦时左右；电力装机容量也将从目前 10 万亿千瓦达到 20 万亿千瓦以上。目前，中国每年需要维持 8000 亿人民币以上规模的投资，用于新建电力项目和维持电力能源公共政策的平衡，这个电力发展的机会如果以国际通行的创新方式实现将转变我国的经济增长方式；而如果以国际非主流的传统产业支撑则将抱残守缺传统的利益格局，增加我国经济日后转型的历史负担。目前，加快电力体制改革的呼声正在成社会的主旋律，推进电力体制改革也正在成为透视中国市场经济的能力标志。目前来看，我国的电力体制具有转型经济体、发达经济体和创新经济体的多重性格，它的发展模式正处于历史上最大的战略挑战期，既具有带动全球经济转换到新层级的重大战略机遇，也包含着错失全球新产业革命机遇沦为追赶者地位的可能。

我们认为，对于能源改革的战略重点以及先后顺序而言，必然是优先二次能源，次后一次能源；先电力产业，后油气产业。前者程序简单、定价机制易行；后者牵涉国际、定价机制全球化。因此，电力体制改革必然成为能源战略改革的第一步，具有战略性、机遇性、前沿性、跨越性的特点。

针对电力体制优先能源体制先行改革的战略，国际上有影响力的是武建东教授提出的电力成熟度与现代化关系学说。1971 年美国总统尼克松便宣布了追求"能源独立"的目标，四十年来，大型经济体没有一个实现能源独立，相反，它们却全部实现了电力独立，形成了"一次能源不独立 VS 二次能源电力独立的二维背反的不对称架构"。溯其根本，能源独立是增长与资源的平衡，能源资源价格具有全球性定价的基本属性；电力独立是能源消费和能源生产能力的平衡，电力产品和服务具有本国或本区定价的根本属性。这使得电力体制具有先于能源体制优先改革的社会基础。电力独立，或者称为电力产业成熟度，主要是指一个国家电力能源消费和生产能力的平衡，它归根结蒂是一个国家能力、特别是高级工业能力的成熟度，经济体量越大这种要求越高，反之亦然；电力消费总量越大，市场化程度越高，电价的定价权属地性也越强，相反亦然。

电力成熟度与现代化关系存在着经济定律，即：一个国家、包括中国的现代化首先要解决电力现代化；电力现代化首先要发展高端产业能力的成熟度，它为一个国家在增长的优势方面提供基础，也使这些国家在技术上对世界行使相关的主导权成为可能。没有电力现代化就没有工业化、城镇化、村镇现代化。在新一轮城镇化建设展开之前，应该优先推进电力现代化，实现新的电力体制改革。而滞后改革，可能会形成畸形化的新一轮城镇化建设局面，难以对历史交代！

2. 新一轮电力体制改革的发展模式

从目前来看，国家电网公司聚合了我们整个电力体系的调度管理、电力输送、市场交易、技术准入的主导权，垄断着电力规划投资、价格成本的基本信息，形成了类似人民公社的"超级电力公社"。这是一个政企贸科四维合一的机构，它的超级体系的根源不是市场的力量，而是体制的力量，从不同的参考系我们可以确定它的不同价值。它既是经济组织，也履行着政府职能，还主宰着电力市场交易；它既拥有私权，也行使着社会公权，还主宰着电力创新的秩序。改革是必然的、迟早的。

一方面，消费者成为其下游产业的内部社员，消费者无法与生产者实现正常的市场互动，政企贸科四维合一的电网与用户之间属于等级化、不平等的市场关系；另一方面，生产者也成为其上游捆绑的加工厂，生产者不能对消费者的合理需求直接有效互动，也可以说，政企贸科四维合一的电网强权体制拦截了我国电力生产者和消费者的巨大市场活力，改造国家电网应该成为新一轮电力体制改革必须直面的历史课题。

就国家电网公司的管理模式而言，这是一种单边垄断体制，生产者和消费者之间属于非均衡性的社会关系，强制控制和突然解体都是它的天然属性；从消费社会而言，这是一种消费代议制体制，或者在现代电力产业中展现的间接民主，即：电网企业根据它的主观调查和分析为用户提供电力商品和电力服务。在这里，口号里可以呼喊"顾客是上帝""用户是中心"，但是，实际上电力用户不过是电力产业等级体系里的社会底层节点，电力消费终究是被电网控制的劳动形式，电力消费者也是被电力企业控制的劳动者，这是中国能源低效的根本原因之一。

为此，电力体制改革需要"杀手级平台的集成"，颠覆旧的电力体制管理模式，实现13亿电力消费者与电力生产者两端对称的直接互动交易，推动占全国70%电力消费的200万大用户进入电力市场直接购电，推动3000万以上电力用户开展智能微网、节能管理的运营创新，政府需要为这些发展提供激励政策和发放有关牌照。我国需要大力发展电力现期、远期交易，建设真正市场化的国际领先的电力体系。

这就需要进一步推进电力产业的政企分开，实现电力调度、规划、交易、结算等电力公权机构的独立运行；分拆政企贸科四维合一的国家电网，改变国网公司的垄断经营业态，优化电网规模，实现电网从集权垄断型到服务型的职能转变，重新确立电网是电力的输送者、服务者的产业地位；实现从不平等的电力社会模式转向智能生态化的电力社会模式；实现解决中央和地方电价管理、电力投资、电力政策扶植权力的合理分配和更加高端的运转，以推动新产业革命和构建新的产业制度。电网主导消费者和生产者的时代扭曲了电力生产力和电力市场秩序，这个体制是不可持续的。

中国电力体制改革的总体发展目标如下：十年之内，中国经济体制改革的关键任务就是在能源领域特别是电力产业，以社会主义市场经济的主导模式取代电力垄断经济体系；以生态文明的管理方式取代高碳、高排放的粗放生产方式；实现从不平等的电力公社模式转向柔性生态化的电力社会模式；实现自上世纪80年代我国农村体制改革以来的第二次生产力的大解放；为电力工业向生态文明的转变提供助推动力。

实施电力体制改革应该成为继中国农村体制改革之后的第二次生产力大解放，市场经济只有在能源领域内取得主导地位，继解决粮食问题之后进一步解决能源问题，我国市场经济的宏观架构才能从容确立。

3. 新一轮电力体制改革的主要内容

需要总结和借鉴先进电力体制改革的经验和教训，改善政府电力宏观管理能力，充分发挥市场配置资源、技术、产品和先进服务的基础性作用，建立与社会主义市场经济体制相适应的现代电力体制，推进电力体制改革路线图可以包括"六个步骤"和"十项任务"。

关于电力体制改革的六个步骤包括：第一步"顶端设计、总体决策"。第二步"政企分开、公权独立"。第三步"强化竞争、分拆巨头"。第四步"产需互动、对称放开"：一是分批扩大用户直接购电，通过对称开放形成"多买/多卖"电力交易格局；二是将电网业务与非电网业务分离，组建省级电力购销服务公司，发放新的电力经营牌照，下放终端定价权形成权责对等的地方电力（能源）保障机制，在中央层面也相应地及时完善电力普遍服务标准及配套政策。第五步"三维并举、经略市场"：构建国际领先的电力工业网络、电力市场网络、信息网与电网融合的智能网络的三维网络，通过先进高效、高维度、多层次的电力复合网络配置资源，发展全国多层次的电力交易市场，推进先进的电力现期、远期产品和服务交易，实现生产者和消费者、产消者互动交易的成熟化电力经济网络。第六步"做实基层、多网融合"：将电力发展重心下沉，促进电力与燃气、水务等基础设施有机组合，以城市为节点更加广泛地试点推进智能能源网建设，塑造能源产消者通过市场机制保障能源安全，形成新的经济增长点并抢占世界新产业革命的制高点。

关于电力体制改革的十项任务包括：1. 组建国家电力调

度及交易中心，进一步推进政企分开公权独立；2．组建国家电力规划及标准中心，提高宏观决策与控制能力；3．拆分重组全国电网企业，实现规模经济效益与比较竞争效益；4．放开大用户直接购电，建立多买/多卖的电力交易格局；5．放开电网末端市场，将网络业务与非网络业务分开；6．销售电价定价权下放地方，建立权责对等的地方保电机制；7．促进水/电/气/热有机构成复合能源网，实现网络优化；8．以城市为节点广泛试点建设生态化能源体系，提升城市化质量；9．建设智能能源网，抓住新技术革命机遇塑造经济新增长点；10．塑造能源产消者，进一步保障能源安全。

对现有的电力体制需要进行三个方向的拆分与优化：其一是行业权力拆分，将调度交易规划等公权机构划归政府管理，加强政府的决策能力与控制能力。其二是企业规模拆分，借鉴发电环节取得的改革经验和成效，可以采取划小电网企业规模的办法实现电力经营层面的优化，同时加强推进全国联网。对此，可以维持一个经过业务压缩的国家电网从事输电业务，也可以重组为4个－6个区域性输电企业，分区运营全国输电业务，还可以按照自然纬度特点组建若干综合性新型能源网络。其三是市场业务拆分，放开大型工商用户直接购电，将其他终端营销服务业务下放给地方性电力公司，形成均衡而活跃的电力市场格局。最终，电网环节明确为企业规模适度、经营机制单纯的输配电专业服务机构。

与此同时，根据我国城市化发展布局，大约需要再营建60

万到80万公里的城市燃气网络，这些网络既是热力的核心来源，也将是重要的分布式电源体系。作为堪与电网并行的第二能源网络，需要实现与现有电力网络的跨网互动，对此，新型电力体系需要建立打通城市燃气网的可行线路，着落于多元化的能源结构以及更为分散化的能源布局，解决现有的电网体制难以因地制宜解决可再生能源并网问题的实在需求。

我们应该建设适合中国600亿平方米建筑的智能建筑能源网络；加快建设适合包括电动车在内的智能交通网络；力争建立适合中国30亿工业装备及构件的智能化的工业用能网络；力争建立多种能源互动的智能能源网、能源互联网，达到我国能源利用的最高端结构。

就电力体制改革的发展格局而言，其战略发展模式可能有三个：一是按照我国经济体系和自然禀赋的特点组建若干跨产业、跨平台的新型能源网络，实现电网企业的政企分开，实现电网管理现代化；二是保留一个经过较大转型、较大分立集中从事输电业务的国家电网；三是重组为多个区域性电网企业，分区运营电网业务。改革需要按照顶层设计、总体规划、分步实施、配套推进、焕发产需双方生产力的原则，高效组织管理，加强地方试验，试点型、分阶段、多周期实现改革目标。

电力产业不是要沉湎于传统舞台而是要在创新舞台上有所作为，优先进入这个领域发展将获得历史的先机，新一轮电力体制改革设计的基本原理之一就是要让包括国家电网在内的电力业者也成为改革的推动者、受益者；促使包括国家电网在内的绝大多数电力产业员工、尤其是管理人员拥有更多、更大的发展空间。

4. 关于对电力体制改革战略前瞻

电力是推进国民经济增长的核心保障，没有电力的现代化增长就不可能确保小康社会建成。电力体制改革也是解决中国经济今后发展反垄断优先主题，而且不像卫生、社保、保障房等领域，需要中央政府较大投入才能实施改革，电力体制改革既不需要中央财政承担较大负担，也能放开地方政府发展手脚，还可以开辟治污减排的新路，具有一举多得功效！

对于电力体制改革的历史时机我们可以有三个选择，建成小康社会之前先期实施；边建设边改革的伴随型实施；建成之后的总结清算型实施。比权量力，先期实施改革是最理想的道路，并付出最小代价，2013 年就具备启动改革设计的宏观条件，越早启动电力改革，社会代价越小。

加快推动新一轮电力体制改革

十八大报告指出，经济体制改革的核心问题是处理好政府和市场的关系。我们从高度集权的计划经济向社会主义市场经济转轨，必然经过政府逐步放权的过程，在这一过程中难免存在政府与市场边界不清的问题。前一阶段，由于我国经济高速增长，这一关键问题在很大程度上被掩盖了，这个问题在电力产业也表现的十分明显。

目前，传统的国家电网集权管理体制与智能化的分布式能源发展模式之间的矛盾越来越突出，推进电力体制改革成为经济体制改革的重大问题。电力体制改革是我国行业改革的深水区之一，应当抓住有利时机及时启动新一轮电力体制改革。

伴随着我国经济社会发展进入新阶段，政府与市场边界不清，政府"越位"、"缺位"、"不到位"等所积累的弊端日益显现。迫切需要我们加快推进政企分开、政资分开、政事分开，政府与社会组织、市场中介组织分开。把不该由政府管理的事项如企业经营决策等，坚决转移出去；把该由政府管理的事项如基本公共服务等切实管好，特别是要打破各类行政性垄断，以利于真正转变发展方式，并从制度建设上抑制权力过分集中而必然产生的设租、寻租行为。

2002 年国务院印发《电力体制改革方案》，启动了上一轮电力体制改革。回顾过去 10 年，5 号文的历史成就是坚持了电力体制改革的市场化方向；高瞻远瞩地实施了总体式电力体制改革；推动了中国电力产业的大发展，特别是在发电侧实现了竞争。

根据 5 号文，拆分了国家电力公司，实施了厂网分开，重组了中国的发电和电网企业，将国家电力公司管理的资产按照发电和电网两类业务划分，并分别进行了资产、财务和人员的重组。可是历经 10 年，根据 5 号文的精神，国家电网公司不但没有"完成上述改革以后，在做好试点工作的基础上，逐步实行输配分开，在售电环节引入竞争机制。"反而形成了集调度管理、电力输送、市场交易等于一身的垄断型国家电网。一方面，电力用户作为其下游产业的消费者无法与电力生产者实现正常的市场互动；另一方面，电力生产者成为其上游被捆绑的加工厂，生产者也不能对消费者的合理需求直接有效互动。这样，改造国家电网就应该成为新一轮电力体制改革必须直面的重大课题。

因此，2012 年 3 月 18 日国务院批转国家发改委《关于 2012 年深化经济体制改革重点工作的意见》，再次指出："深化电力体制改革，稳步开展输配分开试点，促进形成分布式能源发电无歧视、无障碍上网新机制，制定出台农村电力体制改革指导意见。"这都说明电力体制改革是必然的、延续的。

中国的电力体制改革面临着双重使命，它既要解决公平的分配电力产业利益的问题；也要提高更加符合新产业革命的竞争力。目前有关我国电力体制发展方向还存在较大争议。一方主张维护超级国家电网的发展模式；一方主张大力发展电力市场经济和建设智能能源体系，力主电力产业利益应该实现从向国家电网的集中转向中央政府、地方政府、电力生产者、电力消费者之间更加公平合理的分配。近两个月来，北京的有毒雾霾；东部重污染的生态环境；全国转变能源增长方式的社会压力都说明我们应该抓住有利时机及时启动新一轮电力体制改革，提高我国能效水平，转变能源发展方式。

当此之际，2012年中国经济体制改革研究会的重点研究课题《深化中国电力体制改革绿皮书》，经过一年多的研究论证付梓出版了。

《绿皮书》提出：电力体制改革要实现13亿电力消费者与电力生产者两端对称的直接互动，推动占全国70%电力消费的200万大用户进入电力市场直接交易；积极经略多能互补、多联产的电力生产市场；加快实现电网公司从单边垄断经营转变为居间提供服务；实现从不平等的电力社会模式转向柔性生态化的电力社会模式，发展能源互联网，参与全球新产业革命的高端分工。为200万的国内电力大用户发放有关电力市场交易牌照；为3亿电力用户提供智能用电政策支持，扶持其中3000

万以上的用户开展广泛的创新活动！

《绿皮书》还提出目前电力产业应当启动松绑、竞争、突变这些改革机制，实现从国家集权制电力管理转变到社会网络化电力管理模式。电力产业管理的革命还将延伸进能源领域，能源领域的成功则将推动整个经济体制的重大转变，将对中国经济的整体创新起到巨大推动作用。

《绿皮书》提出的一系列关于电力体制改革的建议，作为一家之言，如果能得到政府有关部门关注，引起学术争论，就对新阶段电力体制改革起到了抛砖引玉的作用。借此机会，对关心、支持这一课题的政府部门、有关领导和学者表示衷心的感谢！

中国经济体制改革研究会会长　宋晓梧

坚持社会主义市场经济改革方向，
继续深化电力体制改革

自 2002 年国务院印发《电力体制改革方案》以来，我国的电力体制改革实施已逾 10 年。通过 10 年体制创新的有力推动，并得益于经济社会快速发展的强劲拉动，我国电力产业结构深化调整，电力装机和发电总量迅猛提高，电力供需紧张局面彻底扭转，城乡电网质量和保障能力明显改善，全国电力运营安全、高效，促进了电力行业持续快速发展，也为整个国民经济发展提供了坚实的能源保障。

但是，我们也清醒地看到，当前，我国电力市场建设、电力行业系统性规划、输配体制改革、农村电力体制改革、电价形成机制、可再生能源开发利用、法律法规建设等项工作还未取得突破性进展，距离与社会主义市场经济相适应的电力体制，还有很长的路要走，电力体制改革仍然任重道远。突出表现为，输配体制改革尚未破题，电力市场建设进展缓慢；规划协调机制不健全，新能源和可再生能源开发利用面临困难；农村电力发展和管理水平较低，还不能适应城乡一体化发展要求；电价形成机制尚未理顺，煤电价格体制性矛盾还没有得到根本解决；电力法制化和标准化进程缓慢，无法满足电力市场变化的需要。所有这些问题，制约了我国电力行业乃至整个国民经济持续健康发展。

伴随着10年电力体制改革进程，世界电力工业发展也在深入变革。各种新技术、新理念、新方法的运用使得电力技术经济规律发生了深刻变化，整个经济社会发展对电力的需求结构、消费模式也在变化。在这种背景下，人们对原有的改革方式开始重新审视和反思，对诸如如何设计改革路径、如何有效推进改革，社会各界还存在分歧。但是，不论技术经济规律如何嬗变，一方面，电力行业作为市场经济中的基础性行业，难以规避以市场为资源配置主要手段的市场规律精髓，坚持市场化改革的方向是毫无疑问的。另一方面，对具有自然垄断性质的电力网络，如何进行有效的营运和监管，依然若明若暗，路径并不十分清楚。需要人们在市场经济规律、产业技术规律二者统一的基础上，继续深化对电力体制改革的分析研究，提出切实可行的改革路线图。

正是在这一背景下，光明日报出版社出版了2012年中国经济体制改革研究会的重点研究课题《深化中国电力体制改革绿皮书》纲要，这个报告综合运用规范和实证研究方法，认真回顾电力体制改革的经验成就，客观分析当前面临的体制性矛盾和问题，系统提出了继续深化电力体制改革的"六个步骤"和

"十项任务"，反映了我国电力体制改革纵深研究的最新成果，对决策部门研究制定我国新一轮电力体制改革的总体方案具有重要的参考价值。

比如，《绿皮书》提出，要通过电力体制改革置换出繁荣的电力市场经济体系、国际领先的高级产业能力和全社会广泛参与的先进的能源生产和消费效率；电力体制改革要实现13亿电力消费者与电力生产者两端对称的直接互动，推动占全国70%电力消费的200万大用户进入电力市场直接交易；实现从不平等的电力社会模式转向柔性生态化的电力社会模式，发展能源互联网，参与全球新产业革命的高端分工。

再比如，《绿皮书》提出，要积极推进电力产业的政企分开，采取电力公权与私权分治措施，转变政府职能，推动电力调度、规划、交易、结算的分立运行，建立国家电力调度中心、国家电力规划中心、国家电力交易市场体系、中央电力结算系统等，实现电力公权独立，实施程序化的政府监管，把"电力公社"的管理模式转向成熟的电力市场经济。这些建议具有很强的现实针对性，在遵循电力行业技术经济规律的同时，触及了当前电力体制的根本弊端，提出了下一步改革的着力点，无疑是新一轮电力体制改革的重要内容。

诺贝尔经济学奖得主加里·贝克尔曾经说过，当理性的市场存在时，非理性的经济单元不得不做出理性的反应。电力体制改革市场化取向的选择就是这个道理，电力体制改革的方式、方法也必须符合这个道理。此外，对属于自然垄断业务的电力网络运营监管模式，国际上经验和教训都十分丰富。我们要从中充分吸收其电力产业发展和电力体制改革的有益经验，充分考虑我国经济社会发展的阶段性和电力行业的历史与现状，探索出一条既具有中国特色又符合市场经济规律和产业技术规律的全新的电力体制机制。因而，我们有理由相信，在党的十八大精神指引下，我国的电力体制改革将不断走向深入，为电力行业和国民经济发展注入不竭动力。

国家发展改革委经济体制综合改革司　孔泾源
2013 年 2 月

目　　录

图表索引

1. 战略概要

自 2002 年国务院印发《电力体制改革方案》（国发
[2002] 5 号文件）以来，电力市场化改革取得了明显成效。
但是，就我国电力产业与经济增长的关系而言，传统的高度
集中的电力产业制度与现代分布式电力能源发展模式之间矛
盾越来越突出；社会主义市场经济与包含着计划经济特色的
"超级电力公社"之间的矛盾越来越突出；传统煤电粗放发
展与构建生态文明之间的矛盾越来越大，迫切需要我们以电
力领域为主要平台推进能源生产和消费革命。这也导致了电
力体制正在成为我国行业改革的最前沿主题，具备了率先启
动新一轮总体改革的诸多有利条件。宜于抓住有利时机及时
启动新一轮电力体制改革，打通建设生态文明、转变经济增
长方式，推动新兴产业革命集成变革的战略大通道，创新实
现我国经济结构的战略性升级。

众所周知，对中国电力进行改革的任何努力都无法绕过

国家电网。这是一个政企贸科四维合一的机构，它的超级规模不仅是来自市场的力量，更重要的是来自体制的力量，从不同的参考系我们可以确定它的不同价值。它聚合了调度管理、电力输送、市场交易、技术准入的主导权，垄断着电力规划投资、价格成本的基本信息，形成了类似人民公社的"超级电力公社"业态。这个体系采取自上而下的集权分层制主导着国家电力运行，一方面，消费者成为其下游产业的内部社员，消费者无法与生产者实现正常的市场互动，政企贸科四维合一的电网与用户之间属于等级化、不平等的市场关系；另一方面，生产者也成为其上游捆绑的加工厂，生产者不能对消费者的合理需求直接有效互动，政企贸科四维合一的电网与电厂之间属于扭曲了、屏蔽了的生产方式，也可以说，国网公司的强权体制拦截了我国5万亿千瓦时电力消费能力与10亿千瓦电力装机总量之间市场互动的巨大活力。从劳动分工而言，这是一种单边垄断体制，国家电网与其他电力生产者和消费者之间属于非均衡性的社会关系，电力用户不过是电力产业等级体系里的社会底层节点，电力生产和消费终究是被国家电网控制的劳动形式，这是中国能源低效的根本原因之一。电力体制改革是必然的、迟早的。

面对新一轮城镇化建设和新产业革命并生的"双新变革"要求，有关我国电力体制发展目前主要划分为两个阵营，一方属于"守成阵营"、或称"超级电力公社流派"，其竭力主张维护并强化超级电力公社发展模式，力争实现电力公社集权垄断的最大利益；一方属于"改革阵营"、或称"市场创新流派"，主张中国大力发展电力市场经济和建设智能能源体系，力主实现电力权力的公平转移。前者主张以政企贸科四维合一的国家电网做为电力产业中枢，强调高度集权垄断的电网体制也是高效率的必然反应；而后者则认为维持超级电力公社属于错配电力要素，阻碍新产业变革，与新一轮城镇化建设难以兼容，中国需要大力发展跨产业、分布式、多种能源网络融合、低污染排放、可持续的智能能源网络。电力产业利益应该实现从向国家电网的集中转向中央政府、地方政府、电力生产者、电力消费者之间更加公平的分散。电力管理革命可以使生产者和消费者在全国范围、甚至扩大到国际范围内相互选择、相互进化。

归结起来，这两种观点争论的实质主要包括三个方面，一是能力建设问题，即建立什么样的电力体制才能更好地保障新一轮城镇化和生态文明建设；二是利益分配问题，即电力体制改革如何使中央政府、地方政府、电力生产者、电力消费者和国家电网多个行为主体更大的多数获得更大的利益；三是效率问题，即以何种方式组织中国电力生产力更为有效。

超级电力公社阵营强调：国家电网要维持并强化超越规模经济界限的规模垄断、裁判员兼运动员的权力垄断、批发商兼零售商的业务垄断、采购商兼供应商的技术垄断这样四维合一的超级垄断模式，才能更好地满足中国能源快速发展的需要，其中国家电网公司刘振亚总经理 2012 年 3 月在《中国电力与能源》一书中系统说明了这个阵营的主要观点，即："继续坚持输配一体化、调度电网一体化"、"电力改革不能走部分国家以全面拆分和私有化为导向的'破碎式'改革道路"。这无异于是对政府开出的永续垄断经营的要求，也相当于对整个社会开出了延续超级电力公社模式的听证申请。

显然，这个阵营认为维持国家电网现有的运作体系足够为新一轮城镇化和生态文明建设提供保障；电力体制改革需要维持并增强国家电网的总体利益，中央政府不宜直接监管电力调度体系，对地方政府不能放开电力经营权，不能接受电力生产者和消费者直接互动；而坚持输配一体化、调度电网一体化是组织中国电力生产力最为有效的组织模式。市场经济的国家以带有计划经济遗迹的超级电力公社来解决市场经济发展所需的电力能量，这在世界大型经济体内还没有先例，也不可能无限延续。从历史上看，超级生产和消费公社即使辉煌一时也难以持续稳定，它们的最终结局基本上是解体、瓦解、分裂或崩溃。

改革阵营则认为：现阶段，中国电力体制改革的主场应该是发展市场经济和智能能源体系。其中以武建东教授为负责人的中国经济体制改革研究会电力体制改革研究组主张：面对我国的生态环境的恶化和能源需求的旺盛增长，电力产业分权、放权势在必行，推动新一轮电力体制改革是实现我国电力生产和消费革命的理想道路。电力产业的中枢地位也应该从电网为王转变为电力生产者和消费者的互动，实现13

亿电力消费者与电力生产者两端对称的直接互动，推动占全国70%电力消费的200万大用户进入电力市场直接交易；积极经略多能互补、多联产的电力生产市场；加快实现电网公司从单边垄断经营转变为居间提供服务；实现从不平等的电力社会模式转向柔性生态化的电力社会模式，发展能源互联网，参与全球新产业革命的高端分工。为200万的国内电力大用户发放有关电力市场交易牌照；为3亿电力用户提供智能用电政策支持，扶持其中3000万以上的用户开展广泛的创新活动！

显然，这个阵营认为大力发展智能化、分布式、多网融合的能源网络是保障新一轮城镇化和生态文明建设的基础，新一轮城镇化建设实际上为新一轮中国产业创新揭开序幕，电网本身也是发展新技术新服务的公共平台，分布式智能能源网络将为新技术新产品应用提供广阔的生存空间和激活竞争机制，电力体制改革变革也将带动内需经济转型和新产业革命，一举多得、事半功倍；发展13亿电力消费者与电力生产者两端对称的直接互动的智能网络体系是组织中国电力生产力最为有效的组织模式，也是提升电力产业效率根本所在；电力体制改革将增强中央政府的战略政策的主导力量，电力调度、规划职能需要与国家电网分立并置于政府监管之下；应该有效放开地方政府的电力经营权；实现电力生产者和消费者直接互动。

超级电力公社与改革阵营的论战反映了我国经济体制深

水区的复杂艰巨，攸关着每年中国电力产业 8000 亿元的投资；关系着中国在全球新产业革命中的地位；关系着中国能否再次改写人类创新的历史。它类似 20 世纪 30 年代的传统步兵、骑兵地位与发展新兴的机械化军团的争论，最后定战争之胜负的不再是步兵、骑兵而是机械化军团的力量；这也类似 20 世纪 90 年通讯网与互联网的争论，其时固话、移动通信居于统治地位，中国电信、ATNT 都称霸天下，但是，我们都适应的是最后互联网吸收兼并了通讯网，成为世界上最大的产业舞台。同样，电力市场创新经济也将最终吸收超级电力公社的运行体系并将推动电力经济达到历史新的高端结构。为此，我们主张应以制造更大的增长体系和文明能力兼并和重组目前的中国电力体系为新一轮电力改革的战略坐标点。

应该说，在维持粗放增长的工业化、大力发展房地产业与实施城市化、外向经济与发挥低成本优势化、实行城乡二元制的发展格局之下，亚洲金融危机之后的中国经济处于一个较长的财富成长周期之内，超级电力公社虽然同步实现了规模扩张，但从资源环境、民生保障、到市场秩序再到企业经营，都逐渐走到了约束边界，各种深层次矛盾此起彼伏。展望未来，面对新产业革命带来的新技术竞赛；新一轮城镇化建设带来的内需经济的平台转变；生态文明发展带来的社会约束；智能交通、智能建筑、智能工业设施运行带来的产业机遇，超级电力公社形式已经难以满足社会平衡和创新需求，面临着必然转型和时代再生。电力产业不是要沉湎于传统舞台而是要在创新舞台上有所作为，优先进入这个领域发展将获得历史的先机，改革不是要收缩电力产业利益而是要放大这个产业的利益，电力产业的发展机遇明天比今天更大；电力从业人员的发展空间明天比今天更大；电力产业的整体利益明天也比今天更大。

我们认为：20 世纪中国农村体制改革的成功说明，战略上政府主导，体制上放松管制，发展上有效竞争，创新上适应突变，世界的创造力在人民头脑里，焕发整个社会的生产力不断进步的激情是改革的落脚点。中国目前面临的就是要在能源、特别是电力产业启动松绑、竞争、突变这些改革机制，并推动先进的技术和市场交换网络应用到电力产业保持创新和领先，优先实现从超级电力公社转变到社会网络化电力管理模式。电力产业这些管理的革命还将延伸进能源领域，能源领域的成功则将推动整个经济体制的重大转变，因此，以电力产业的市场秩序建设作为改革的支点和杠杆，它将支撑起中国社会变迁的整体创新！

就电力体制改革的投入成本而论，电力体制既不似卫生、社保、保障房等领域，需要中央政府财政较大投入才能实施改革，也不似铁路大跃进带来的沉重财政负担，消纳被动，中国的电力产业具有世界上最旺盛的市场需求，从电力产业实际运营来看，推动新一轮电力体制改革，不需要中央财政承担较大负担，宜于抓住有利时机及时启动改革，而且，没有电力的现代化就不可能确保中国小康社会的建成。

　　正是基于此，我们认为中国电力体制的根本出路就是要推动能源领域的产业革命和实施能源体制变革，而电力体制改革位居首位。从中国现代化的逻辑进化路线图而言，继解决粮食问题之后需要进一步解决能源问题；继中国农村体制改革之后需要实现战略大产业领域的第二次生产力大解放，才能从容确立我国市场经济的宏观架构，而且，市场经济唯有在能源领域内取得主导地位，我国社会主义市场经济的完整体系才能站稳脚跟，市场经济是中国成为强国的唯一通道，也是中国梦的经济基础，电力中国梦就是要让消费者成为发展的中心，实现生产者和消费者良性互动；要让中国现代化获得充裕、高效的能源保障；要让中国参与并引领智能网络、能源互联网为主导的新产业革命，电力中国梦是中国的，也是世界的！

　　据此，我们必须制定出适合新一轮能源生产和消费革命的正确战略，而这一点需要我们优先构建战略能源观！

1.1　21 世纪电力革命和电力独立：拥有高端工业能力和发达的电力市场经济

　　综合观察国内外的创新形势，发动新的产业革命，建立可持续增长能力正在成为新的社会主流变革，这场改革注定将在涉及人类生产方式和生活方式最为广泛、最为综合性的基础性产业之内发生——它就是在堪与信息、货币体量相当的能源、特别是电力领域之内创造奇迹。电力产业的转型将翻建新的全球分工和人类的生存方式，发明并创造管理现代能源、特别是电力领域的先进体制正在成为对人类智慧最深刻的挑战。二十世纪的文明史表明，电力是扩张性、渗透性最强的战略型基础产业，也是全球新产业革命变革的历史大舞台。从中国国情出发，实施电力体制改革，推动电力革命应该成为中国改革的主战场，而且，电力体制应优先整体能源体制先行变革。

作为世界上最大的经济体，1971年美国尼克松总统便宣布了追求"能源独立"的目标。但是，四十年来，世界上超大型经济体没有一个能够实现能源独立的，相反，这些大体量的超级经济区却基本实现了电力独立，形成了"一次能源不独立 VS 二次能源电力独立的二维背反的不对称架构"。溯其根本，能源独立是增长与资源的平衡，能源资源价格具有全球性定价的基本属性；电力独立是能源消费和能源生产能力的平衡，电力产品和服务具有本国或本区定价的根本属性。对世界上经济大国或者联盟而言，拥有能源能力是第一位的、属于知识型能力实现；拥有能源资源是第二位的、属于资源型产品实现；前者是工业成熟度，后者是地理资源优势；前者决定后者。

我们认为：对于能源改革的战略重点以及先后顺序而言，必然是优先二次能源，次后一次能源；先电力产业，后油气产业；前者程序简单、定价机制易行，后者牵涉国际、定价机制全球化；前者改革的基础是国家高端工业能力实现、且技术当头，后者主要是解决国际资源分工、且贸字为先。因此，电力体制改革必然成为能源战略改革的第一步，具有战略性、机遇性、前沿性、跨越性的特点。电力是决定一个国家经济体系世纪转换和文明变迁能力的核心机制，这也使得电力体制具有先于能源体制优先改革的社会基础。

针对电力体制优先能源体制先行改革的战略，国际上有影响力的是武建东教授提出的电力成熟度与现代化关系学说。这个理论认为，面对电力能源难以大规模储备、不能搬迁转移、又需要稳定供给的特征，在我国启动新一轮城镇化建设之前，实现更为优先的电力产业革命和电力体制改革是及其必要的！我们所说的电力独立，也可以称为电力产业成熟度，英文为 Supermature Electricity network，主要是指一个国家具有二次能源完整的利用能力，对自身的电力市场拥有相对独立的电力定价权和分级价区，然而技术标准和产业流程具有国际通用性，它归根结蒂是一个国家能力、特别是高级工业能力的成熟度，以及实现了一个国家电力能源消费和电力生产能力的智能化生态平衡。经济体量越大这种要求越高，反之亦然；电力消费总量越大，市场化程度越高，电价的定价权属地性也越强 ，相反亦然。这也使得追求二次能源电力系统的体制平衡较之追求能源独立成为各国更为现实的增长目标。GDP 的增长和人民生活水平的提高都需要现实的能源能力支撑，而且，GDP 的增长与电力需求增长保持相同趋向，电力也是多种能源中伴随着 GDP 增长比较稳定、甚至长期价格相对有所下跌的品类，追求电力独立是国民经济增长大有作为的积极选项。没有电力现代化就没有工业化、城市化、村镇现代化，电力独立为世界核心经济体在创新和增长的优势方面提供了基础；电力独立也使这些国家在技术上对世界行使相关的主导权成为可能。

我们认为：21 世纪电力革命和电力独立的本质是拥有高端工业能力和发达的电力市场经济，电力革命和电力独立应该成为中国现代化追求的基本目标，也是中国发展高端工业能力和全局性产业市场的标志，应该成为 2013 年新一届中国政府施政的战略基准点之一，中国既需要电力革命，也需要电力独立，这是一个现实的、可持续实现的改革目标！

1.2 未来中国电力体制发展模式面临的艰巨挑战

未来 10—20 年中国正处于新型工业化、信息化、城镇化、农业现代化的快速整合的时代，这也意味着电力需求仍将保持旺盛成长的状态；未来十年也是全球电力网络快步智能化变革的时代，这意味着新增电力需求和新增产业变革"双增长双变革"的时代来临，这个时代也是中国电力管理体制调整的良机，放权将超过集权成为历史潮流。

十八大确定了实现国内生产总值和城乡居民人均收入比

2010 年翻一番的战略目标，这意味着即使包括节能因素在内，全社会用电量也将从 2012 年 5 万亿千瓦时的水平提升到 10 万亿千瓦时左右的总量；全国电力装机容量也将从目前 10 亿千瓦达到 20 亿千瓦以上，中国一次能源不独立 VS 二次能源电力独立的二维背反架构更加不对称。这个电力发展的机会如果以国际通行的创新方式实现将翻建我国现有的产业结构，转变我国的经济增长方式；而如果以国际非主流的传统产业支撑则将增加我国日后经济转型的沉重负担，守缺传统的利益格局。因此，采用创新方式还是传统模式满足国内快速增长的电力需要正面临着历史抉择，也催生了新一轮电力体制改革的必要。

就我国电力体制改革的发展模式而论，存在多种路径选择，一是以国家电网为主导的内部转型的改革；二是以国家能源主管机构、地方政府为主导的展开电价市场化、再建新型电力市场交易体系的改革；三是以修改《电力法》为契机，松绑地方电力体制为主的改革；四是以 2002 年电力体制改革为蓝本，实施以中央统筹主导的整体改革。历史的经验表明，在实际操作机制上，改革主导者的层级越高，效率越高，改革成本越小；改革主导者的层级越高，部门利益、企业利益的影响越小；改革主导者的层级越高，越有利于在实践中维护改革底线、坚持到底。

事实上，谁把蛋糕做大了，谁就掌握着它的利益分配机制。目前我国面临着需要积极处理好中央、地方、各种涉电企业在今后发展中的相互进化关系实现多赢的利益格局。新一轮的增长应从传统电力增长模式（煤炭资源扩张、大机组、大电网）转向清洁能源的大规模创新发展。与此同时，我国的电力体制又具有转型经济体、发达经济体和创新经济体的多重性格，应该说，中国电力体制的发展模式正处于历史上最大的战略挑战期，它既具有带动全球经济转换到新层级的重大战略机遇，也包含着错失全球新产业革命机遇沦为追赶者地位的可能。

电力独立的宏观架构支持在一个国家内可以稳定地建构创新型的电力市场经济秩序，形成电力消费者和电力生产者直接互动的电网。这意味着我们可以在电力能源领域优先解放消费者，实现电力消费者和电力生产者交换彼此有价值的各种资源以形成电力市场交换网络，也意味国网公司等企业应从单边垄断经营转变为居间提供服务；实现从电力消费的代议制升级到消费者直接参与的直接经济民主制，实现从不平等的电力社会模式转向柔性生态化的电力社会模式；实现解决中央和地方电价管理、电力投资、电力政策扶植权力的合理分配和更加高端的运转。

对电力权力的重新分配和分工，意味着先进的世界电力网络将从传统的工业网络之中衍生出三个活跃网络：电力工业的实体网络、电力市场的互动网络、电力网与信息网融合的新智能网络，中国应该在这个转变之中居于领先和创新地位。这将导致今后的世界电力产业格局面临的不是收缩，而是快速扩张！解放电力消费者意味着释放在这个领域内的前景远大的投资机会，例如：新能源投资、微电网运营、低碳示范区、大数据管理等等。

在这样一个颠覆性的创新架构之内，电力体制改革的设计主体也应该从传统的电力工业一维网络的改革，提升到运行电力工业的实体网络、电力市场的互动网络、电力网与信息网融合的智能网络的三维水平。电力体制改革的中心角色也应该从电网转换为电力消费者和生产者的互动，电网中枢为王的时代行将过去，集万千宠爱为一身的电网企业需要优化、重组、拆分，电网是电力的输送者、服务者，由电网主导消费者和生产者的时代扭曲了电力生产力和电力市场秩序。

为此，我们可以认识到电力革命和电力独立的双重作用：即：从集中分层制电力系统转向柔性社会生态系统是它的思想起点；实施全社会参与的电力革命，改变现代化发展线路是它的引擎；实现电力知识经济、电力绿色经济、电力智能网络经济则是它富有生命力的主干；将电力消费者的权项转变为其财产性收入，转向更加清洁、更为高效的电力能源利用是它发展的必然结果。

1.3 电力体制改革必然成为能源战略改革的第一步

电力是支持一个国家发展的战略增长杠杆，大型经济体每年需要维持相当于 GDP1％ 比例以上规模的投资，用于新建电力系统和维持电力能源公共政策的平衡。这个投资已经具备扭转、改变国民经济能力的水平，撬动它，不但改变电力产业版图，而且改变经济增长能力，这使得现有的电力投资位居发展的十字路口——投资方向对了，增强经济能力；投资方向错误了，将会造成国家经济功能的紊乱。推动电力体制改革攸关中国每年 8000 亿人民币电力投资的取向，对整个国民经济发展至为关键，也是中国新一届政府撬动经济的战略杠杆，电力体制改革理应为转变经济结构提供广阔的机遇。

图表1　2003—2011 年中国电力建设投资额　　单位：亿元

	电力建设总投资	电网建设投资	电源建设投资
2003 年	2894	1014	1880
2004 年	3285	1237	2048
2005 年	4884	1656	3228
2006 年	5288	2092	3195
2007 年	5677	2450	3226
2008 年	6302	2895	3407
2009 年	7702	3898	3803
2010 年	7417	3448	3969
2011 年	7614	3687	3927

数据来源：中电联

　　此外，基层电力网络建设是中国的新的经济增长点和最有战略意义的爆发点，电力产业的网络化直接造就村镇城市化、城市移民郊区化、甚至倒流进村镇的趋势，它将修改中国从农村到城市的城市化的过程，实现分散化生产、实现分散式生态居住和养老模式，以此极大地提高中国城市化的水平。与此同时，电力的发展也将改变人们财富的增长，电力革命将以世界性的规模实现有效地利用能源资源、特别是可再生能源，提高能源效率，这使得整个社会的电力用户终端能源设施、能源可利用空间、电力能源储存能力、电力能源使用与其他商品的交换架构空前扩大，这些资产可以转为用户的财产性收入，而且所有社会成员都将在大小不等的程度上获益，这将使得全世界最重要的产业——电力产业的工业价值重新获得分配！

电力体制改革又是间接的国际关系体系，主要表现为较低的电价可以依靠高污染排放的煤炭发电维持，并且这种能源消费支持低成本的工业能力，还可以通过全球化交换其他商品，控制通胀。低碳的高价能源与高碳的低价能源形成了巨大的国际套利空间。电力体制改革为此提供了战略出路，就是要推动主要经济体实现能源资源定价权的改革，实现低碳能源新的全球分工，实现高碳或者低碳电力体制的道德、环保、气候的社会约束力，这使得电力体制改革的机制又是复杂的，理应具有国际合作的前沿性。

伴随着中国电力体制创造成熟大国先进的电力市场交换网络，全球电力能源体制将发生巨变，国际能源分工将通过能力，而非资源实现新的分工。世界的主要能源消费将越来越多地提升为电力这种二次能源，这意味以工业能力决定全球能源定价权的时代带来，即现有的以能源资源作为国际分工的体制将被以电力产业能力逐步取代，并使得电力产业能力与能源资源形成二维架构，电力产业能力处于高端，能源资源处于低端，后者为前者服务。如果能源资源的主力从化石能源转向可再生能源，电力产业能力将处于更加高端结构，这使得电力大国可以有效地维护电力产业与能源资源的价格空间。通过这个差距，可以实现电力强国的广大就业，实现电力生产力在全球地理上的重新分工——电力大国加工或消费电力能源，另外一些国家提供原料，这使得电力大国获得能源定价权，电力产业的就业、市场、产业利润最终流向电力大国、强国，电力体系可以将全世界更紧密地联系起来了。

电力改革也是全球新产业革命的起点，本报告认为：2008 年全球金融危机之后，世界范围内展开了四大能源产业转换：即从高排放的旧有化石能源系统到低排放的清洁能源系统、特别是可再生能源系统的新型转换；第二大转换就是从以生产者为中心的大规模产业体系的运转转换到生产者和消费者、微型产销者良性互动电网的体系，需方生产力将超过生产侧的生产力，实现超级爆发，需方的集体智能也将建立新的结构性架构，生态柔性电力网络将取代传统的工业系统；第三大转换就是电力能源的战略生存力量，将从以资源获取为基础转换为发展清洁能源的工业技术能力和创新体系为核心。第四大转换就是互联网发展将转换为能源网与互联网相互融合的智能网发展，货币、能量、信息将并列成为三大通货，或者次生通货。能量网络将实现洲际型全球化开发，新通货将匡正信用货币的不稳定性。据此，先进的全球电力能源有了三个来源：化石能源、可再生能源、以及能源效率。谁带领世界进入这个新的革命层次谁就将位居全球分工的制高点！目前来看，各个主要经济体基本处于一个起跑线上，而中国电力体制改革的复杂性位居全球的前沿。电力改革具有战略性、机遇性、前沿性、跨越性的特点，电力体制改革必然成为中国能源改革的第一步。

图表2　各类能源价格走势及国内/国外煤炭价格走势

各类能源价格走势

指数：0.7年1月=100

国内/国际煤炭价格走势

美元/吨

- NWE到岸价
- 美国CAAP
- 日本动力煤
- 秦皇岛现货价格

本图表引用自 2008 年 BP 能源统计

1.4　从不完美中追求完美：把握缺陷型的全球电力体制改革并有所作为

　　1882 年爱迪生在美国纽约和英国伦敦建立了中央控制的供电系统，130 年以来世界电力工业的统治发展模式主要是大规模、科层化的生产输送和垄断特许经营，能量、包括电力能量是具有商品和公共用品的混合特征。伴随着 1971 年美国推行美元与黄金脱钩以来，能源资源价格进入信用浮动阶段，这个变化具有上楼抽梯的作用，倒逼电力产业进入市场化发展阶段，催生了电力工业新的市场化改革。

　　近二、三十年以来，美国、欧洲、日本分别开展了电力体制管理模式的不断创新，这些改革突出了政企分开、透明型管理、商业化运营、公司化改组、公开的服务与参与、法制化管理，放松管制、引入竞争机制、实行了自由化、股份化经营。2009 年伴随着奥巴马就任美国总统，美国、欧洲开始推进智能电网建设，电力改革的着重点开始转换向网络化，已经跨出以生产者为中心的历史时代。但是，还没有一个经济大国运营成功能源互联网，这对中国而言是挑战世界顶端创造不可多得的机遇。

　　与此同时，二十多年来，借鉴英、美电力体制管理模式的经验，针对政府独家办电、独家输送、独掌市场的发输配售一体化的计划经济、垄断经济，中国电力产业也实施了多家办电、政企分开等重大变革。其中，2002 年国务院通过的《电力体制改革方案》（俗称五号文），推行了厂网分开、主辅分开、市场监管等改革实践，实施了以建立发电产业内部竞争机制为主的体制改革。2012 年国家能源局提出的智能电网新概念也开始突出市场配置资源的战略意识！

综上，从西方到东方，包括中国在内的电力改革因应时代的变迁都实施了重大改革，可以说近 20 年的改革超过了此前电力工业百年的变化。但是，这些改革的主题主要是围绕着等级化的电力专业体制的完善，而没有颠覆这个等级制、集权化的电力结构，转向新型的以生产者和消费者互动为中心的交换网络，这两者之间判若云泥、霄壤之别，具有完全不同的社会性格。未来电力用户将从单纯的电力消费者转为分散的利用清洁、可再生能源的电力生产者兼使用者，并可自由地进行互惠交换是一切改变的基点。

前者是封闭的专业系统和专业组织，后者是开放的社会网络和复杂组织；前者应对的社会主体是专业组织，后者应对的是电力产业的复杂组织；前者仍然主要是传统的电力生产方式和生活方式，后者是创建更大规模的社会网络；前者中赋予消费者与生产者交换的资源非常有限，后者赋予消费者与生产者交换的资源非常多样，例如：用户使用了谷歌、百度的资源，也实现了谷歌、百度广告的展示，电力系统转变为交换网络之后，也可能推动消费者和生产者之间实现更高端、更丰富的价值交换，多网融合将导致电力使用费用的综合下降，使用免费电力能源交换其他商业机会也将成为选项。在交换网络之中，既包括生产侧的力量，也包括需求侧的力量，需方具备与产方同等的生产力，需方自组织的集体智能具备新型结构化的巨大开发潜力，这个新型、智能化、可持续的电力互动网络迫切需要超前的体制设计，前瞻的改革实践。

图表3　世界主要国家电力市场化改革前后市场格局

	改革之前	改革内容	改革之后
英国	原为发电/输电环节一体化经营，配电环节传统上即独立分散状态	发电、输电分开，形成市场竞争	发电领域，虽然已经开放竞争，但Centrica等大公司仍占有主要市场； 输电领域，有3个国家级输电公司； 配电领域，有14个区域级电力公司为配电许可运营商。
德国	原为发电/输电环节一体化经营，配电环节传统上即独立分散状态	发电、输电分开，形成市场竞争	发电领域，虽然已经开放竞争，但意昂、莱茵等能源巨头仍占有主要市场； 输电领域，主要有ENBW等4家输电商； 配电领域，传统上独立且高度分散，企业多达800余家，竞争充分。
法国	原为法国电力公司（EDF）垂直一体化统一经营	发电侧完全开放竞争，用户可自主选择配电商	发电领域，虽然已经开放竞争，但法国电力公司仍占据较大市场份额； 输电领域，绝大多数由法国电力公司的输电子公司（RTE）运营； 配电领域，95%由法国电力公司的配电子公司（ERDT）运营，另约150家独立配电商。

续表

	改革之前	改革内容	改革之后
日本	原10大电力公司均为区域垂直一体化经营	分批开放大用户直接购电，允许独立发电商与发/售电一体公司	发电领域，由于资源稀缺、发展缓慢，独立发电（IPP）、发/售电（PPS）数量较少，10大电力公司仍是最主要的市场主体；输配电领域，仍由10大电力公司区域垂直一体化垄断；但一般认为，在分批开放大用户直购方面比较成功。
美国	原为各公用电力公司垂直一体化经营	出现大量独立发电商，基本实现发电竞争，但配电侧变动很少	发电领域，独立发电商多达数百家，但高度分散，最大发电商装机份额外不足4%，前20家大发电公司也仅45%左右；输电领域，幅员辽阔，全国分8到10片区域市场，各州采取不同的市场竞争模式；配电领域，电网公司超过500家，2/3为垂直一体化的公用电力公司，垄断本地配电业务。
阿根廷	原为垂直一体化统一经营	发电、配电侧都形成多家竞争	发电领域，形成大约40家独立发电公司，单个份额不超过10%；输电领域，形成1家国家输电公司、6家地方输电公司；配电领域，有国家、地方等多种形式配电公司。
俄罗斯	原为俄罗斯统一电力系统股份公司（RAO）在发电/输电环节一体化经营，在配电环节与地方参股，并初步具备包括大用户在内的电力市场	发电、输电、配电各自分开，进一步形成多元竞争	发电领域，将发电资产重组为6个独立发电公司，1个水电公司，14个地区性热电公司；输电领域，因幅员辽阔分欧洲、西伯利亚、远东3个大区，组建了联邦电网公司，下设6个区域输电公司与1个跨区输电公司；配电领域，以地区为基础，组建12个地区性配电公司。

续表

	改革之前	改革内容	改革之后
巴西	原为垂直一体化统一经营	发电、配电侧都形成多家竞争	发电领域，有 60 多家多元化公司； 输电公司，从事输电业务的有 16 家公司； 配电领域，各类配电公司也有 60 多家。
印度	分中央、地区、邦三级并以邦为主体，各级均垂直一体化经营	发、输、配逐步分开，输电公司不允许从事电力交易	发电领域，有中央、邦、私人等多元化市场主体，邦一级的比例最大； 输电领域，主要有 1 个国家电网公司与 5 个区域电网公司； 配电领域，主要由各邦电力公司环节分开并引进私人投资而形成。
中国	原国家电力公司为发/输/配/售一体化经营，发电、配电侧各有部分地方企业	厂网分开、多元投资，但未实现竞价上网； 电网环节依然输配不分	发电领域，企业数量多达数千，但规模最大的 27 家占有 70% 以上份额； 输电领域，全国分为 6 个区域电网 32 省级电网，3 家输电企业分别拥有 26 省、5 省、1 省； 配电领域，3000 余家县级供电企业中地方独立公司不足 1/3，其他均由两大电网公司直属或代管。

在这里，如果我们将集权型电力工业系统的水平定格为恒星，向下的从属体系包括行星，而向上的层级则包括星系、星云等结构；如果我们将集权型的电力工业系统定格为细胞组织，向下的从属体系包括分子，而向上的层级则包括有机体、群体等结构。这就造就了一个电力体制改革的十字路口，它可以选择向下的层级发展，例如：集政企贸科一体高度集权化的国家电网公司模式，也可以选择向更高的层级发展，

这就是从整个能源系统生态化出发，建设生产者和消费者均衡互动的智能网络。从能源变革的大局看，后者正在成为国际创新的制高点，作为世界能源消费大国，我们不可能逃避这个高点，挑战和拥有这个高点是中国产业智慧能力的证明。

因此，是否推进电力革命和电力独立的历史变革，关系着中国在全球新产业革命中的地位；关系着中国能否再次改写人类创新的历史。对手主要不是其他国家，而是我们的心智！

2. 关于进一步电力体制改革的指导思想、总体目标和基本任务

电力体制改革需要有战略性、创新性，需要以加快向更高端经济结构转变为主线；与面对国际产业变革的重大变化相衔接；与我国到 2020 年全面实现建成小康社会的奋斗目标相组合；与 21 世纪前半叶全球新产业革命相贯通，成为建设社会主义生态文明在能源领域的体现。

2.5 关于进一步电力体制改革的指导思想

按照党的十八大精神，总结和借鉴国内外先进电力体制改革的经验和教训，改善政府电力宏观管理能力，充分发挥市场配置资源、技术、产品和先进服务的基础性作用，建立与社会主义市场经济体制相适应的现代电力体制。

改革要有利于促进国民经济、特别是电力产业的发展；

有利于消费者利益最大化；有利于实现以城市为中心的分布式、网络化的清洁能源体系的快速发展；有利于提高供电和用电的安全可靠性，实现电力网与互联网的产业融合，发展电力知识经济；有利于电力企业转变经营机制，提高电力产业效率，满足全社会不断增长的电力需求；有利于实现绿色、可持续、智能化的生态环境建设，发展电力绿色经济。

改革需要按照顶层设计、总体规划、分步实施、配套推进、焕发产需双方生产力的原则，科学领导，加强地方多样化改革试验，高效组织管理，试点型、分阶段、多周期地实现改革目标。

2.6 关于电力体制改革的总体目标

我们认为中国电力体制改革的总体发展目标如下：十年之内，中国经济体制改革的关键任务就是在能源领域、特别是电力产业，以社会主义市场经济的主导模式取代电力垄断经济体系；以生态文明的管理方式取代高碳、高排放的粗放生产方式；实现从不平等的电力集权模式转向柔性生态化的电力社会模式；实现自上世纪八十年代我国农村体制改革以来的第二次生产力的大解放；为电力工业向生态文明的转变提供助推动力。

这个总体目标应确保在如下实践要素方面创新，即：

坚决推进新一轮电力产业的政企分开、完善电力公权力管理，扩大政府宏观电力资源的服务和监管，构建新型电力产业制度，推动能源互联网产业革命。推动构建破除垄断，公平竞争，推进全国能源网络智能互动，国际领先的电力体系。

积极有效地改变电网垄断经营业态，优化电网规模，分拆国家电网，实现电网从集权垄断型到服务型电力企业的职能转变，优化电力资源配置，促进电力发展，建立与中国经济发展相适应的输配电体系，提高效率，优化电力资源配置，促进知识性、智能化的现代电力体系发展，扩大并提高电力产业的发展空间，实现电力管理从等级制到网络化转变。

积极发展消费者和生产者直接互动的电力市场体系、开放智能创新、绿色低碳、有效服务的新型中国电力市场体系，实现以市场为基础、以地方为重心、具备时间/空间差别化的电价政策。

2.7 关于电力体制改革的基本任务

2.7.1 关于电力产品和服务

电力体制改革需要重新界定电力产品的传统定位，电力产品具备天然的商品属性，也需要实施有限度且区别化的保障政策，实现开放、普遍、互动化的服务，正确核定清洁能源、能源效率的复合社会成本并成为国家主力能源，确立并分级运转公众对于电力价格监督机制。积极推动各种形式的智能微网、新能源以及低碳等示范区工程建设，加大力度在局部地区实现清洁能源、特别是可再生能源成为优势能源，为大规模商业开发利用海洋、内地、中低空风能、太阳能、生物质能提供一切便利条件和创造市场。

2.7.2　关于构建世界领先的电力市场经济

构建生产者和消费者为根本主体的直接交换的电力市场经济体系，承认它们共同提供商品和服务，共同决定电力价格体系，共同构成电力市场主体，赋予消费者新的社会资源与实施电价改革同步推进，电力改革要为广大消费者带来直接利益。建构发电和用电两端对称的市场竞争机制，积极开发发电、输电、配电、售电、用电智能配置结构的市场资源，确立用电峰谷的区别电价、探索为智能消费者提供高峰间不用电可以交换获得免费低谷电量的激励政策。政府核定并严格监管输配电价，构建国际领先的结构化的需方生产力，发展全国多层次的电力交易市场，推进先进的电力现期、远期产品和服务交易。

2.7.3　关于实现进一步的政企分开，优化电网规模

积极推进电力产业的政企分开，采取电力公权与私权分治措施，转变政府职能，加强政府的公共职能管理建设，推动电力调度、规划、交易、结算、技术标准的分立运行，建

立国家电力调度中心、国家电力规划及标准中心、国家电力交易市场体系、中央电力结算系统等，实现电力公权独立，实施程序化的政府监管。终端电价下放地方决定，各价区可根据本地情况分区执行。电力项目审批权限分步向地方下放，同时加强规划协调及监督调控，实现中国电力投资的高效局面。

优化电网规模，分拆国家电网，进一步剥离企业的社会职能与公共权力，明确国有电力企业的发展定位，实行整体业务上市，推行具有广泛社会监督机制的电力股份制企业发展。实现输配电业务的公用化运转和严格的政府监管，确立国有企业的法人结构和市场化运营机制，构建真正的电力市场经济的主力业态，没有真正的现代电力企业就没有真正的电力市场。

为 200 万国内电力大用户发放电力市场购销牌照，加强全国 3 亿电力用户在智能微网、节能管理的扶持和管理，优化政府监管的宏观电力管理资源。

进一步提高电力行业统计信息、价格信息及监管政策的透明度，总体规划电网创新发展，实现智能化、可持续、生态型转变！

2.7.4 关于发展多层次、多种形式的电力产业网络

构建国际领先的电力工业网络、电力市场网络、信息网与电网融合的智能网络的三维网络，通过先进高效、高维度、

多层次的电力复合网络配置资源。建立先进的十要素电力流程，即：生产、输送、分配、市场、运营、服务、用户、不同能量网架间的优化互动、远期能源价格管理和监管、碳权利的管理。

对各种类型的电力企业和服务组织实施现代公司化管理或者合作社互助、市场化运行、体制化建设。对电力业务经营实行分级管理，放松管制，支持竞争，鼓励在生产侧、消费侧、以及各种新型的电力服务平台发展各种形式的创新企业，实行多种所有制的混合发展机制。

力争建设适合中国 600 亿平方米建筑的智能建筑能源网络；加快建设适合 1 亿辆各类车辆包括电动车在内的智能交通大型电力综合服务网络；力争建立适合中国 30 亿工业装备及构件的智能化的工业用能网络；力争建立多种能源，包括与电力网络互动的智能能源网，达到我国能源利用的高端结构。

2.8 重组国家电网：从电力公社的管理模式转向成熟的电力市场经济

通过改革开放三十年的发展，我国形成了以国家电网为代表的政企贸科四维合一的超级电力企业模式。它既是经济组织，也履行着政府职能，还主宰着电力市场交易；它既拥有私权，也行使着社会公权，还主宰着电力创新的秩序。国家电网公司更是集其大成，聚合了调度管理、电力输送、市场交易、技术准入的主导权，垄断着电力规划投资、价格成本的基本信息，形成了类似人民公社的"超级电力公社"业态。这个体系采取自上而下的集权分层制主导着国家电力运行，一方面，消费者成为其下游产业的内部社员，消费者无法与生产者实现正常的市场互动，政企贸科四维合一的电网与用户之间属于等级化、不平等的市场关系；另一方面，生产者也成为其上游捆绑的加工厂，生产者不能对消费者的合理需求直接有效互动，政企贸科四维合一的电网与电厂之间属于扭曲了、屏蔽了的生产方式，也可以说，政企贸科四维合一的电网强权体制拦截了我国5万亿度电力消费能力与10亿千瓦电力装机总量之间的巨大市场活力。

这个现象不是电网企业管理团队的主观意志的结果，而是长期计划经济权力经济的惯性因袭，也是高速城市化、工业化阶段急病就医的临时体系使然，也注定了这个体制必将成为电力历史发展的过渡阶段。这种格局既体现了高度强制性的管制特征，也抑制了分布式柔性能源生态系统的发展，更造就了低活力、高排放、非市场机制运行、消费者被动消费的生产方式居于中国电力产业的统治地位，使得中国的电网成为世界上规模最大、最为集权的产业梗阻，限制了我国现代产业的集成建设，也压制了我国清洁能源消费的快速增长。这种体制难以继续满足中国经济社会发展对于电力能源的进一步需求，也形成了难以化解的中国高碳经济、垄断经济、错配能源经济要素的"经济困局"。

因此，化解这个局面就客观上成为中国改革最理想的突破口，解决电力产业的体制模式建设就应该成为继中国农村体制改革之后的第二次生产力大解放，继解决粮食问题之后进一步解决能源问题，我国市场经济的宏观架构才能从容确立。市场经济只有在能源领域内取得主导地位，我国市场经济的完整体系才能得以确立！

2.8.1 实现对国网公司公权机构的分立

采取电力公权与私权分治措施，加快实现从政企贸科四维合一的现行电网体制之中，分立出电力调度、电力规划、电力结算系统等公权机构，组建产权、治权独立的相应的国家中心，从政企合一、公权力与私权力不分的电力体制转向职能分司的市场经济产业体系。

2.8.2 实现电力市场交易网络与电力输送网络产权、治权的分离

积极促进电力市场的消费者和生产者的市场化互动，通过类似农村土地承包责任制的改革，加快实现从政企贸科四维合一的现行电网体制之中，分离出全国独立运行的电力市场交易体系，实现电力市场（即：贸的部分）与电力输送网络产权、治权的分离，全面建设与电力体系相对称、规模甚至更大、层级更高的第二个、第三个电力网络——电力市场

交易网络和智能网络，实现 13 亿电力消费者与电力生产者两端对称的直接交易，同时加快对占全国 70% 电力消费的 200万大用户直接发放电力购销的牌照，推动其进入电力市场直接购电，发展电力现期、远期交易，中国是世界用电量最高的国家，也应该成为世界电力市场化最高、交易最为活跃的强国。与此同时，加快推动对全国电力用户的 10%，即大约3000 万电力用户实行政策扶植，支持其开展智能微网、节能管理的运营创新，成立电力合作社，或者转变为其他的初级电力合作组织，并可向电网售电，实现其与电网的双向流动。

2.8.3　实现对电网企业规模的分拆，建设国际通行的分区电网体制

加快推动政企贸科四维合一的现行电网体制的重组，实现对电网企业规模的科学管理；实现对超大型、独占型电网企业的重组优化；建立与我国经济体系和自然禀赋相适应的分区电网体制。与此同时还需要借鉴厂网分开改革经验，形成区域比较竞争机制；实现我国电力输送的智能优化，推动以城市为中心的省级、市级电力经营公司的建设，建立权责对等的民生用电保障机制。

2.8.4　实现电力科技的社会化创新

积极推动电力领域的新产业技术创新，从政企贸科四维合一的现行电网体制之中，加快实现电力科技的社会化创新，

大力推动类似乡镇企业发展、民营企业建设类型的电力创新企业的快速发展，积极推动实现互联网与能源网、包括电力网的融合，引领新的产业革命，大力发展智能能源网、大数据管理等先进产业建设。力争建设适合中国 600 亿平方米建筑的智能建筑能源网络；加快建设适合 1 亿辆各类车辆包括电动车的智能交通网络；力争建立适合 30 亿工业部件的智能工业网络；力争建立多种能源互动的智能能源网，达到我国能源利用的高端结构。

维持现有国家电网体制的痼疾之一，就是难以实现新技术发展所需要的产业融合。首先，根据我国城市化发展布局，大约需要再营建 60 万到 80 万的城市燃气网络，这些网络既是热力的核心来源，也将是重要的分布式电源体系，作为堪与电网并行的第二能源网络，需要实现与现有电力网络的跨网互动，而现有的电网体制缺少可以打通城市燃气网的可行线路。其次，我国能源清洁化、低碳化可持续发展目标的最终实现，需要着落于多元化的能源结构以及更为分散化的能源布局，能源生产和消费的网络将有别与传统电网，而现有的电网体制难以产生出因地制宜解决可再生能源并网问题的可行模式，迫切需要电力革命与创新。

2.8.5　实现电力服务的社会化，实现电力能源消费的创新化

积极推动电力产业服务的社会化，加快实现从政企贸科

四维合一的现行电网体制之中，实现电力服务的社会化、虚拟化、高端化，普及电力的第三方电力管理服务，实现电力能源消费的创新化。

总之，从全球发展经验而言，大国、强国的电力体制是以市场化的公用企业为主流的，而不是以计划经济和政府管制为主的，美国等世界所有领土大国都已不再发展超大型、独占型的电力企业，而且，电力产业也正从对经济成长的保障者角色，转变为社会增长的主要推力，引爆着新的信息革命和能源革命整合的巨大机遇。可以说，目前我国的政府与经济复合运行的电力体制并不是全球通用的先进能源利用的示范模式，它只是中国工业化、城市化、农业现代化进程中的一种过渡形式。电力改革不仅是利益重组，也是为了一个民族的能源生存。因此，能源体制改革将是中国继农村体制改革之后的第二次解放整个中华民族社会生产力的重大挑战，而电力体制位居其改革的要津；电力体制改革也将决定中国经济发展方式的正确性、包容性和可持续性增长能力，应该成为十二五期间中国发展的最理想的创新机遇。

我们应该注意到，建基于互联网与能源网相结合基础上的新产业革命已经来临，它将重新配置建筑、交通、工业体系等用能产业要素和市场要素，建构世界经济新的制高点；它将推动电力能量从单一流动转变为双向流动；电力系统将从集中分层制管理转变为分布式管理；互联网与能源网也将从分离走向融合。这意味着全球范围内将开始有效调整电力产业的制度安排，谁走在前列谁就站在制高点！谁优先实现将电力网络转变为大众参与的互联网络，谁就能够带动能源生产力的解放！在中国，这个变革的进程也将成为下一步经济发展的强大动力并同新型的城镇化建设紧密结合起来，为此，建设以城市为中心的智能能源网络（电、气、热、水、电动汽车）是中国建设生态文明的关键之举。目前来看，美欧等国已取得先导性技术突破，占据此次革命的制高点，可以肯定的是，新科技革命将再造全球现代化新进程和重塑国际需求，正是基于此，推动电力体制改革的高点就是建构国际领先的中国能源市场经济，而且，能源市场经济的水平决定一个国家的真正的核心竞争力。

3. 回顾与展望

对现代中国电力史而言，开启上一轮总体改革的《电力体制改革方案》具有里程碑式的意义。这个标志性文件是2002年国务院印发的国发［2002］5号文件，通常称为5号文，施行了以引进竞争、提高效率、打破壁垒、规范市场为主要目标的一轮电力体制改革。从体系而言，这个改革计划包括十个主要任务，即：厂网分开、建设区域市场、竞价上网、大用户直购、电价改革、农电改革、主辅分离、主多分开、配电独立核算、市场监管等方面。

值此电力改革十年，业界都在广泛思考它的历史定位，有否定的，有肯定的；有失望的，有从中挖掘政治遗产并创造希望的。我们认为五号文是对中国电力市场化改革做出历史性贡献的改革文件。

十年来，一是加强了市场监管工作，组建了正部级的国家电监会，初步建立了现代电力监管体系；二是实现了厂网分开，原国家电力公司拆分出五大发电集团，即国电、华电、华能、大唐和中电投，实现了生产侧的产业竞争格局；三是推进了主辅分开，组建了中国电力工程顾问集团、中国水电顾问集团、中国水电建设集团、葛洲坝集团等4大国家级辅业集团，后又进一步吸收137家省级辅业企业重组为中国电力建设集团有限公司、中国能源建设集团有限公司等两大辅业集团；四是分立了电网，构建了国家电网、南方电网、内蒙古电网及多家省级地方供电企业的多元格局；五是国务院公布了《电价改革方案》，陆续施行了煤电联动、火电上网标杆电价、脱硫电价、可再生能源电价附加、工业差别电价以及居民阶梯电价等多项价改探索。与此同时，历经十年，关于电力市场建设、发电竞价上网、以及独立输配电价、区域电网公司法人建设、大用户直购电、输配分开等改革事项，或者胎死腹中、或者改变了原来的改革方向。这使得电力体制改革成为中国争议最大的产业体制改革案例，其经验应该成为中国电力发展的基础；其教训应该成为中国产业体制改革的鞭策！

从历史发展来看，五号文的历史成就包括：一是坚持了市场化的政治方向，二是展示了总体式改革的可行性，三是进一步展示了市场化改革的效益。其中它所开辟的对中国电力体制可以实施总体改革并实现大发展的模式尤为值得称道，有人也称之为休克疗法，但是，后一个称谓不一定准确。根据5号文，它拆分了国家电力公司，实施了厂网分开，重组了中国的发电和电网企业，将国家电力公司管理的资产按照发电和电网两类业务划分，并分别进行了资产、财务和人员的重组，即使在今日，这也是当之无愧、震魂摄魄的改革大手笔。自此，在总体改革和渐进改革这两种手段、两种模式中，总体改革再次拥有历史丰碑，并成为检验改革能力改革魄力的社会标志和时代高度，它决定着改革的幅度、影响力、以及进步效果。每一个大周期的电力战略革命都需要这种总体变革，十年之后，我们正在进入这样一个新的历史起点，任何力量即使可以延缓、但最终都无法抗拒电力产业的重大变革。

当然，从 2002 年电力体制改革改革的 10 年实践来看，客观上五号文也有它的历史局限性，这是不必讳言的。例如，受之前亚洲金融危机的影响，对于电力供需判断过于乐观，在强调追求效率的同时对于保障电力供给重视不够。又如，对当时比较系统内/外电厂矛盾重视度较高，但是，对（调度）公权与（发电）私权问题的战略解决方案争议较多，以致造成了厂网分开之后，厂/厂矛盾升级到更加深刻的厂/网矛盾。再如，对于电力产业制度的核心机制，即调度/交易/输电职能的顶层设计尚需完善，尤其是在发电侧引进多元竞争的同时，应该及时有效启动用户直接购电、输配分开等对称性开放措施。与此同时，对于输电职能的公共服务属性以及生产者与消费者直接互动的市场意义也认识不足，以致在 5 号文发布实施的过程中，电网逐渐形成"超级电力公社"的更高垄断形式，电力生产者与消费者直接交易/自主互动的天然权利被强势梗阻，5 号文自身提出的"打破垄断"的目标也在实践中遭遇逆袭。

反思五号文的历史局限性，我们决不能抱有苛求前人的意识，而应该将这些电力体制改革积累的问题融合到新一轮的电力体制改革的总体实践之中，才是对上一轮电力体制改革负责的态度。

上世纪 80 年代以来，电力市场化改革形成了世界性的潮流，中国电力领域推进的政企分开、多家办电等电力体制改革也是其中的战略组成，这将载入世界电力史册。时至今日，德国、美国、英国、俄罗斯、韩国、日本、澳大利亚等国都在继续践行电力体制改革，在这个领域内，不但包括大量制度创新的空间，近几年还被寄予服务乃至引领新能源技术革命的重大历史使命，成为全球变革的制高点。5 号文作为 10 年之前中国电力产业的总体改革方案，反映出那个时代对于电力改革发展客观规律的认识水平，不论其成功之处，还是其局限之处，对于我们今天继续深化电力体制改革都具有宝贵的借鉴价值。

从电力产业发展的内部问题看，自 2002 年电力体制改革至今，电力产业矛盾不断激化、信息高度不透明，区域电网公司法人建设、独立输配电价等改革严重滞后或倒退，大用户直购及输配分开等改革任务推进困难，厂网矛盾较改革前更加激烈，整个电力行业不幸滞留在电网企业独买/独卖这种世界电力罕见的畸形格局，难以满足建设生态文明和全面建设小康社会的要求，难以高效响应新能源革命的时代呼唤。

这就需要我们再次践行 5 号文实施的总体改革精神，继续深化电力体制改革，新一轮改革是对前一轮电力体制改革的最好继承和最有效地发展。

从 5 号文对电力改革的战略设计角度看，5 号文件也不是建立"电力超级公社"式的国家电网的政治出生证明，按照国家能源局张国宝原局长向媒体公开介绍的信息，当年决策过程中最高决策者对于一网/多网改革模式之争曾经做出"compromise（妥协或折中）"的指示。据此，5 号文界定了国家电网、南方电网、内蒙电网三家电网并存的试错竞争格局，它不但否定了全国电网划一公司管理的模式，也可以说国家电网公司在出生时仅仅办理了临时户口，当时改革决策者并没有给予国家电网公司永续经营的政治背书和社会担保，这里需要我们再次感谢前人。它从一个层面说明当时对于电力市场化改革若干深层问题的解决方案博弈激烈；也从另一个层面说明出 5 号文富有高度的政治智慧，它所界定的中国电力改革战略路线图，本质上具有阶段性与探索性，因此，5 号文是引领中国电力市场化改革的旗帜，绝不是固化利益格局阻扰继续深化改革的挡箭牌！国家电网获得的特许垄断经营的规模大小取决于我国不同时期的经济发展的要求，不同时期我国需要不同的电力管理体制。目前，中国三大电网企业 26：5：1 的折中，既是改革的实证，也是新一轮电力体制改革的阶梯！

值此十八大确立新的社会发展目标的情况之下，中国正在进入电力体制总体变革的大周期的历史节点，可是，超级电力公社阵营仍然极力推动延缓、滞后智能化、市场化的现代中国电力体制建设，这是与历史潮流背驰的。国家电网公司的单一股东是中央政府，电力改革与发展的主导权也在中央政府手中，加大我国电力体制改革转型成本的限度是有约束的！从全国人民对待国网公司垄断的舆情而言；从各级政府实施分布式能源发展所受阻力而言；从提高能源效率而言，国网公司的垄断管理模式的社会承认度都在不断下降，成塔的积沙正在散开；成冰的积雪正在融化。

建国 60 年余年电力行业历经多次大幅度调整，反映了经济社会发展的曲折历程，也体现了电力技术经济特性的复杂性。但是，改革与发展的主导权始终在政府手中，政府也是超级电网企业的单一股东，决策机制简单，历次改革也始终以更好服从服务于经济社会发展为最终价值。因此任何庞大的利益集团、任何复杂的体制机制在本质上都具有一定的阶段性，区域电网公司模式可以变更，同样国家电网公司这样的组织管理形式也可以大规模调整。原国家电力公司早在 1999 年就曾作为世界最大电力企业登上"500 强"排行榜，但在 5 号文件发布半年之后即合理解体。因此，电力体制改革继承与升华 5 号文件，不在于其具体条文事项，而在于坚持市场化改革的方向，在于尊重并不断探索客观规律的基础上大胆决策勇于变革，并且建立国际领先的中国电力体制！

总体而言，五号文是中国电力体制改革的里程碑，它的改革精神将纳入史册；它确立的市场经济的电力体制改革旗帜需要彰显；它取得的改革成绩有目共睹；它产生的问题可以不断完善。例如它强调："现行的电力体制暴露出一些不适应社会主义市场经济体制要求的弊端。垄断经营的体制性缺陷日益明显。""为了促进电力工业发展，提高国民经济整体竞争能力，必须加快深化电力体制改革的进程。"这些激动人心的语言至今震耳发聩！

3.9 十年电力体制改革取得的主要历史成就

3.9.1 十年电力改革初步建立了中国竞争性电力体制

实现了独立监管、厂网分离、主辅分离、分立电网等改革举措，初步完成了从电力计划经济体制到发电竞争经济体制的转变，突出体现了市场化改革的价值与前景，为全面向市场经济过渡提供的基础。

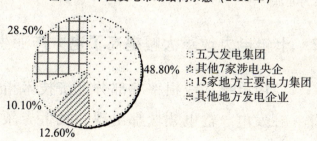

图表 4　中国发电市场结构示意（2011 年）

28.50%
48.80%
10.10%
12.60%

五大发电集团
其他7家涉电央企
15家地方主要电力集团
其他地方发电企业

单位：万千瓦

	装机容量		装机容量
全口径发电装机容量	105576		
		三、地方主要电力集团（15家）	10613
一、五大发电集团	51472	广东省粤电集团有限公司	2481
中国华能集团公司	12538	浙江省能源集团有限公司	2206
中国大唐集团公司	11106	北京能源投资（集团）有限公司	1164
中国国电集团公司	10601	河北省建设投资公司	731
中国华电集团公司	9534	申能（集团）有限公司	627
中国电力投资集团公司	7693	安徽省能源集团公司	595
		湖北省能源集团有限公司	553
二、其他涉电央企（7家）	13301	深圳市能源集团有限公司	544
中国神华集团有限责任公司	4623	江苏国信	542
华润电力	2524	甘肃省电力投资集团公司	289
中国长江电力股份有限公司	2510	广州发展集团有限公司	247
国投电力公司	1749	宁夏发电集团公司	196
中国广东核电集团有限公司	980	江西省投资集团公司	150
中国核工业集团	645	万家寨水利枢纽	150
新力能源开发有限公司	270	山西国际电力集团有限公司	140
		四、其他地方发电企业	30190

数据来源：中电联

3.9.2 十年电力改革大幅提高了电力产业生产效率

煤耗率、厂用电率、线损率等部分经济技术指标达到国际先进水平，在发电、输电领域都出现一批世界领先的科技成果。

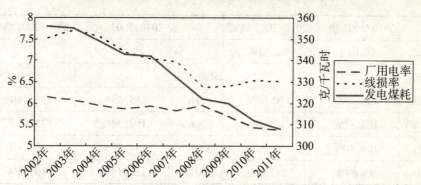

图表5　2002—2011 年中国电力主要技术经济指标

3.9.3　十年电力改革显著提高了电力产业、特别是发电企业的资产效率

通过厂网分开，同时开展依法监管的市场化改革，在发电环节形成了多元竞争的格局，特别是与依然缺乏比较竞争机制的电网环节相比，在资产效率方面优势显著，体现出市场化改革带来的巨大活力与效益，为进一步深化改革起到了良好的示范作用：

一是在投入产出效益方面，2011 年电源建设投资为 2003 年的 2 倍左右，但年度新增装机容量却达到 2.5—3 倍之间，增长幅度始终高于投资；而同期电网建设投资为 2003 年的 3.5 倍左右，占全国电力投资比重一度超过 50%，但年度新增规模，不论是 110KV 及以上电力线路长度还是变电设备容量，其产出的增长幅度都始终低于投资。（详见图表 30）。

图表6　2002—2010 年中国电力工程单位造价变动情况　　　1 = 2002 年

	2010/2002 决算	2010/2002 概算		2010/2002 决算	2010/2002 概算
火电	78.64%	84.75%			
变电			交流送电		
110KV	106.68%	120.69%	110KV	159.48%	175.24%
220KV	105.81%	117.60%	220KV	162.24%	171.19%
330KV	100.40%	102.57%	330KV	141.29%	148.77%
500KV	93.89%	84.30%	500KV	157.19%	140.42%

二是在工程造价控制方面，各类电网工程的单位造价普遍提高（有些达五成），而发电工程在物价普遍上涨的情况下单位造价仍显著下降了 20% 左右。

三是在劳动生产率方面，国网、南网均员工倍增，分别超过 150 万及 30 万人，成为世界上雇员最多的两家电力企业，而以五大发电集团为代表的发电企业通过"上大压小"等途径控人增效，劳产率类的指标优势显著。

3.9.4　十年电力改革应对了中国经济快速发展需求

主要应对了三项变化与挑战。

一是在国内市场，成功应对了新世纪初装机短缺型的严重电荒，基本满足了中国城镇化、重工业化发展阶段对于电力的基本需求，电力投资到改革初期的 3.2 倍（详见图表 1），装机容量、发电量也分别达到 2.8 倍左右，彻底扭转了长期以来存在的电力投资不足、装机紧张的局面，电力保障供给能力空前增长；

图表 7　2002—2011 年中国发电装机容量与发电量　　　　单位：万千瓦

	装机容量	发电量		装机容量	发电量
2002 年	35657	16542	2007 年	71822	32644
2003 年	39141	19052	2008 年	79273	34510
2004 年	44239	21944	2009 年	87407	36639
2005 年	51718	24975	2010 年	96641	42278
2006 年	62370	28499	2011 年	105576	47217

数据来源：中电联

　　二是在国际市场，通过不断地内部挖潜提高效率，努力消化了近年来全球范围内普遍出现的一次能源价格上涨，如下图表所示，在煤价追随国际市场出现 2.5 倍以上增长的同时，电力销售价格仅增长了大约 30%—40%，最终将电价控制在显著低于国际水平。

图表 8　2002—2009 年世界主要国家电煤价格变动情况　　　1 = 2002 年

	2009 比 2002		2009 比 2002		2009 比 2002
美国中部现货指数	205%	OECD	201%	英国	191%
		美国	176%	意大利	184%
西北欧基准价格	223%	日本	227%	加拿大	162%
		德国	241%	韩国	197%
日本进口到岸价格	298%	法国	266%	墨西哥	152%
		*OECD 为 2008 比 2002 数据			

图表9　2002—2009年世界主要国家销售电价变动情况　1＝2002年

	生活电价 2009 比 2002	工业电价 2009 比 2002		生活电价 2009 比 2002	工业电价 2009 比 2002
美国	135%	142%	法国	151%	289%
德国	256%	265%	日本	131%	137%
英国	196%	260%	中国	118%	141%
意大利	182%	244%	OECD	199%	222%

＊OECD 为 2008 比 2002 数据

　　三是在政策领域，积极响应国家资源节约、环境友好的政策导向，发电厂 SO_2 排放、单位发电量煤耗等指标已达发达国家水平，电源投资结构显著改善、风能核能等非化石发电的投资比重增加了大约 40 个百分点，现已成为世界第一风电大国。

图表10　2002—2010年中国电力二氧化硫排放情况　1＝2002年

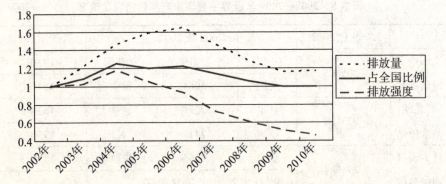

单位：万吨、%、克/千瓦时

图表 11　2004—2011 年中国电源投资比例　　　　单位:%

	水电	火电	核电	风电	其他
2004 年	27.05	70.17	1.95	0.63	0.2
2005 年	26.7	70.3	1	1.4	0.5
2006 年	24.5	69.8	2.9	2	0.8
2007 年	26.6	62.1	5.1	5.3	0.9
2008 年	24.9	49.3	9.7	15.5	0.6
2009 年	22.8	40.6	15.5	20.6	0.7
2010 年	20.6	35.9	16.3	26.1	1
2011 年	25.32	28.29	19.94	22.33	4.12

虽然取得了这些历史成就，但是电力体制仍然存在深刻矛盾!

3.10　十年电力体制改革面临的现实电力发展矛盾

3.10.1　迫切需要从体制入手解决难以根治的电荒矛盾

图表 12　1978—2011 年中国发电设备利用小时数

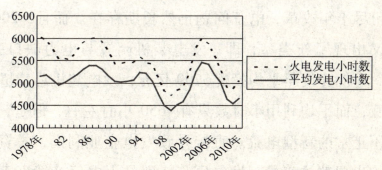

图表13 2003—2011年中国煤炭、火电行业利润总额   单位：亿元

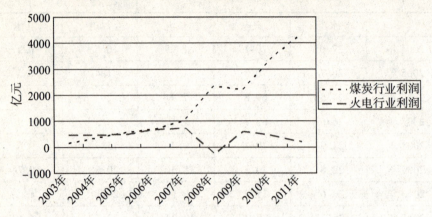

单位：亿元

	煤炭	火电		煤炭	火电
2003 年	140	458	2008 年	2348	− 267
2004 年	350	455	2009 年	2208	599
2005 年	561	480	2010 年	3447	437
2006 年	691	666	2011 年	4337	206
2007 年	1022	719			

数据来源：中信证券《电力行业投资策略》

　　历尽十年改革，电荒问题仍然长期存在。而且，2008 年之后又出现了新类型，即：发电装机闲置与电力缺口并存。目前，电源建设年平均投资 3700 亿元；发电装机总量超过 10 亿千瓦；而平均利用小时数只有 4650 小时左右，但是，依然出现不正常的新型电荒。直接导致发电企业利润、投资及业务结构出现整体变异，发电厂、特别是火电厂持续经营的能

力与意愿受到严重抑制，这主要在于缺乏价格－税收－补贴－监管相协同的体制改革的组合，在这个模式内，资源价格体系也面临着长期无法理顺的结局。因此，新型电荒在电力行业内部已经难以根治，局部性时段性电力紧张将长期存在。

3.10.2 迫切需要解决电力管理中存在的中央与地方矛盾，改变基层电网落后的局面

集中与分散、约束与激励、规范与搞活、条条与块块等中央/地方关系问题是我国历史发展基本脉络之一，维护与完善中央权威、平衡与激励各方利益、分担与落实相关责任仍是新一代领导集体的重要课题。通过深化电力体制改革，一是要坚持中央层面产业政策、宏观调控与监督管理的统一与权威，强化科学决策的技术支撑体系；二是要继承建国以来分级分工管理的传统，发挥政府与企业、中央与地方尤其是地方的作用与优势，明确权责对等的地方电力（能源）保障机制；三是坚持电力（能源）保障的责任主体本土化、地方化原则，同时开放末端非网络业务市场，使各地方通过参与新技术新产业发展而获益，进一步发挥各地试点推进智能能源网建设的积极性创造性。为此需要梳理央地权责，强化宏观治理。

建国以来基本都采取了中央/地方分级管电的体制，省以下电力管理一般采取双重领导、主要以地方为主的模式。但

2002 年以来中央电网企业以高度集权方式进入地方领域，无偿上划地方资产，控制地方电力（能源）事务，与地方企业恶性竞争。在农网领域，大量原来独立运营或代管的农电企业被无偿上划资产，"十一五"期间两大电网公司直属县级企业的市场份额从 42% 提高到 64%；在区域电网层面，[2002] 5 号文件要求按照有限责任公司或股份有限公司组建运营的区域电网公司，在人事、财务、物资等管理权方面已被国家电网公司逐渐收权架空；在省网层面，中央电网企业已经直接介入省内城市供电公司的人事与内部运营，为建国以来电力管理集权之最。

地方政府无法发挥更大积极性、逐步卸责形成用户心态，造成了央/地两个层面协调困难，基层电网发展落后，电力普遍服务等民生权利缺乏保障（至今仍有 377 万无电人口），地方电力（能源）保障与发展的责任机制日益模糊。每当出现电荒，地方政府与电力企业缺乏合作应对机制，前者缺乏全局意识与有效手段，后者则事实上难以兼顾每一地方，甚至出现随意调减缺电省份外受电量的恶例；另外，随着经济社会发展以及电力（能源）技术进步，节能减排智能互动、分布式新能源发电、多品种能源一体化等等新的电力（能源）保障方式与发展模式不断涌现，中央电力企业与地方政府对于未来市场更是出现竞争态势，现有体制无法适应"新产业革命"对于开放电网公共平台的需求。

图表 14　2012 年全国无电人口调查数据　　　　　单位：人

	无电户	无电人口		无电户	无电人口
四川	249743	1056327	甘肃	4051	13870
新疆	277573	1082279	山西	917	3110
西藏	129268	613000	广东	711	3012
青海	112047	456300	福建	227	960
云南	81401	331101	海南	259	855
内蒙	47229	164754	湖南	154	616
广西	9791	39211	贵州	75	192

全国合计：无电乡镇 256 个、无电村 3917 个、无电户 913446 个，无电人口 3765586 人。

数据来源：国家电监会

3.10.3　迫切需要改变电力产业格局，提高电力生产力水平

目前，我国垄断经营的电网企业缺乏比较竞争机制，效益低下盲目投资，其资产效率不仅低于发电环节，而且线路装机比、电量比以及线路输送功率等技术经济指标都只有美国、日本等国电网的一半左右（详见图表 25、26）。由于电网企业在电力交易中处于独买/独卖、并且合成了电力调度、交易等公共机构于一体。这种改革过程中特殊的阶段性制度安排，使电力产业格局严重不平衡，放大了垄断的负面作用，市场秩序矛盾频频。另外，国家电网公司规模过大，各项经营财务指标系统性地落后于区域性的南方电网（详见图表 24），其集权式、大一统、一刀切的管理方式面难以适应辖区

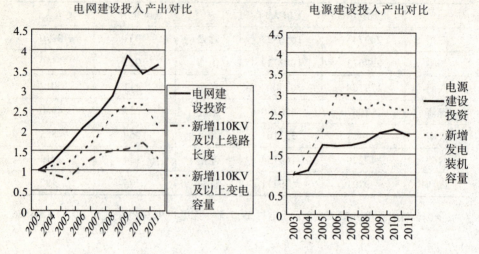

图表 15 2003—2011 年中国电源、电网建设投入产出对比 1 = 2003 年

根据中电联统计资料汇编整理并制表：国家电监会吴疆

单位：亿元、公里、万千伏安、万千瓦

	电网建设投资	新增 110KV 及以上线路长度	新增 110KV 及以上变电容量	电源建设投资	新增发电装机容量
2003 年	1014	45095	13453	1880	3483
2004 年	1237	41158	15011	2048	5323
2005 年	1656	36123	15902	3228	7129
2006 年	2092	51781	20196	3195	10424
2007 年	2450	62030	24994	3226	10190
2008 年	2895	67592	31878	3407	9202
2009 年	3898	69217	36115	3803	9667
2010 年	3448	76574	35335	3969	9124
2011 年	3682	58452	28251	3712	9041

数据来源：中电联

内经济、技术、文化差异巨大的现实，实际上超越了世界电力企业"规模经济"客观规律的上限，而美国近年来已经不再发展规模过大的电力企业。

电网建设的投入产出明显落后于电源建设，证明发电环节通过比较竞争机制而提高了效益。

3.10.4 迫切需要建立符合国家顶端科学决策的电力发展决策体系

电力是一个对公共管理存在大量内在需求的行业，从政府层面到行业层面都需要做出很多宏观决策、进行很多统筹协调，既需要各地方各企业积极配合坚决服从，也需要不断提高决策的科学性才能从根本上建立权威、有效执行。

近年来，电力领域政策执行权威下降，科学决策能力不足，究其原因，一是未能将市场化改革进行到底，在很多环节反而强化行政权力，而在经济社会整体上日益市场化国际化的背景下，权力过度其实往往勉为其难自暴其弊；二是电网调度、基础研发、系统规划、技术标准等电力行业特殊的决策支撑机构完全由企业或者行业组织控制，国家层面缺乏支撑、决策专业性不足；三是对于电力市场建设、新能源技术发展等领域的客观规律还认识不充分，需要一个历史过程，相关政策难以短期内一步到位。除了电网调度与安全管理问题，具体表现还包括规划、价格、产业政策领域决策系统性持续下降的问题。这些领域决策与管理的专业性不足，受企业利益影响较大，势必降低政策执行的权威性与严肃性。

3.10.5　迫切需要中国电力产业抢占全球产业高点

通过深化电力体制改革的核心就是实现经济结构转型；实现可持续发展和生态文明建设；打造新的增长点甚至抢占"新产业革命"世界产业变迁的制高点。为此，一是要加强消费端服务，做能效产业发展的主力，推动提高全社会能源效率；二是要积极落实有关政策，做新能源产业发展的主力与枢纽，促进结构调整与转型；三是要进一步开放电网，完善新技术新产业发展平台，主动调整电力产业结构、组织形式、产业政策与管制方式，鼓励各地多种形式的试点与创新，引领智能能源网抢占产业变迁的历史高点。无论何时发展依然是硬道理，在新的历史阶段需解决好电力产业持续性与约束性、效率与结构、产业升级与引领等若干经济发展中的深层次矛盾与长期积累的问题。

3.10.6　迫切需要解决不断增长的电力安全风险

"电力生产，安全第一"，中国电力行业具有优越的安全传统，1990 年代以来没有发生过美－加大停电、落杉矶大停电、伦敦大停电、莫斯科大停电、印度大停电那种规模的系统安全事故。对于这一成绩，在体制因素上很多人简单地归结为调度机构与电网企业一体、输电企业与配电企业一体等表面现象。

事实上，安全是一种社会效益，维护电力系统安全稳定所必须的统一调度、统一规划、统一技术标准都必须借助超越企业利益的公共权力体制才可能有效落实。一些国家屡次出现大停电，正是其各电力企业之间无法通过市场机制来协调落实安全权责的结果；而中国有效保障电力安全的基础则是传统的政府行政权威，中国的现行体制在应对电荒、提高效益方面是乏力失策的；可是，在保障安全、应急救险方面则是足够强大的。但是，自2002年电改以来，这一安全基础正在逐步质变，中国电力的系统风险正不断积累。

一是调度指挥的行政权威被不断弱化，二是技术标准等支撑体系日益削弱，三是电力联网规模不断扩展、电网结构矛盾堆积、新能源新技术应用日益复杂，2002年以来，中国电力的安全基础正逐步变质，中国大电网面临的系统性安全风险正不断积累。安全作为一种社会效益，必须借助超越企业利益的公共权力体制才可能真正有效落实，有效保障中国电力安全的战略举措就是赋予电力安全管理强有力的行政权威，施行一体化的电力安全体制。

4. 中国电力体制改革实施方案的总体建议

深化电力体制改革属于我国行业改革的深水区，涉及面广，头绪复杂，因此在坚持市场化方向的基础上，应对改革的基本范畴与方向主线进行多种情景分析与策略比选，明确下一步阶段性深化改革的主线。

4.11 关于进一步深化电力体制的战略突破口抉择

深化中国电力体制改革有诸多突破口，例如：电价改革、管电机构调整、拆分国网、输配分开、政企分开、产权改革、推动地方电力发展等等，这些突破口大多属于电力行业内部作业口，对中国经济结构调整和转变作用有限。

我们认为电力体制改革需要"撒手锏级平台的集成"，这就是需要从电力生产者和消费者多维度互动角度出发，颠覆旧的电力体制管理模式，以构建新的产业制度为战略导向实施总体改革。而以新产业制度为主突破口的模式可以更有效地集合其他突破口的功效，实现中国电力体制的跨越式发展和建设。

4.11.1 突破口设计之一：以电价等管电职能领域的改革实现战略突破

目前中国的管电职能主要包括：价格管制、准入管制、国有资产监督管理三元要素，深化任何一项改革都必然涉及到整体战略部署，难以单兵突进并且短期见效。以价格管制方面而言，这是目前电力配套改革中最滞后的领域。其难度包括：一是需要有意识地引导建立更加理性的电价改革目标、走出"改革＝降价"的误区；二是电价水平的调整，需要随同价格－税收－补贴－监管相协同的新型公共治理体系建设而逐步到位；三是建立激励性与保障性相平衡的电价形成机制，提高价格管制的科学性有效性，在根本上取决于产业制度的市场化与透明度。又如国有资产管理方面，一是需要进一步明确"价值与使用价值协调并重"的国有资产管理理念；二是需要对竞争性/垄断性的不同业务实施分类管理、分设考核指标体系等。另外准入管制方面，则涉及投资决策体制的改革与完善。以此为电力体制主要突破口难以实现时空并进，整体改革局面。

图表 16 改革开放以来中国电价政策及价格水平变动情况

		电价政策	电价水平
低水平稳定期	1975—1985 年	·目录电价——始于 1975 年颁布的《电热价格》，明确了基本的电价水平和销售电价分类；1993 年以后，对分类等进行过一些调整。	以目录电价为基础逐步取消优惠，总体变动很小，平均 0.08 元/KWH。
快速扩张期	1986—1995 年	·还本付息电价——始于 1985 年，也称集资办电电价，是针对贷款建设的集资电厂的上网电价政策，有利于吸引多元投资，缓解电荒。 ·燃运加价——1985—1993 年期间为配合煤炭行业改革，明确规定了燃运加价的范围和计算方法。 ·电力建设基金——从 1988 年开始，为筹集电力建设资金，对全国所有企业用电征收每千瓦时 2 分钱的电力建设基金，用于地方电力基本建设；1996 年调整，1 分钱用于地方电力基本建设，1 分钱由中央电力企业用于电网建设。	因燃运价格上涨、单位造价攀升，电价水平增长较快，年均增长 13% 左右，至 1995 年国家电力公司组建前，系统平均销售电价 0.262 元/KWH。
控制转折期	1996—2001 年	·经营期电价——1990 年代末，为约束电力建设成本，将按还贷期定价改为按项目经营期（经济寿命周期），按项目个别成本定价改为按社会平均先进成本定价，使新建项目的上网电价平均降低 0.05 元/KWH。	电力供大于求，出现降价要求，电价年均增长不足 9%，至 2002 年全国平均销售电价不足 0.4 元/KWH。
持续博弈、多元目标期	2002 年至今	·标杆电价——从 2004 年开始，新建发电项目统一执行区域或省提前公布的上网标杆电价，从按个别成本定价，改进为按照区域社会平均成本实行统一定价，不再一机一价。 ·竞价上网——1999 年浙江、山东、上海及东北三省，2004 年东北区域，2006 年华东区域曾经开展竞价上网试点性，后因故中止。 ·煤电联动——从 2004 年开始，为应对电煤价格持续上涨，发布了上网电价、销售电价与电煤价格联动的政策。 ·其他节能环保电价政策——近年相继出台脱硫电价、差别电价、可再生能源电、小火电机组上网电价、峰谷丰枯电价等政策。 ·阶梯电价——从 2012 年开始，对居民用电实行正向阶梯电价。	2002 年至今，发电装机与电量快速增长，一次能源价格持续攀升，因装机不足、煤电矛盾等引起的电荒长期延续，但仍长期坚持人为压制电价的政策，虽然多次调价但年均增长不足 5%，至 2010 年底全国平均销售电价约为 0.571 元/千瓦时。

资料来源：《中国电价改革回顾与展望》等，电监会吴疆整理。

4.11.2 突破口设计之二：以构建超级电力（能源）行政机构为突破口

建国以来我国管电机构历经 10 次大的沿革（详见图表44），改革开放以来政企分开不断深入，但依然还离不开中央层面管电机构的专业管理；而与此同时，不论设立什么形式的管电机构，其价格、项目审批等核心职能始终都由国家统一行使，从电力部到电监会都属于一种"次级监管职能"，这是有效实施经济性监管的必要分工。

设立统管石油、煤炭、电力及核工业的综合能源管理部门，在我国已经多次尝试但均未达到预期。世界主要国家的能源（电力）管理机构设置，绝大多数并不是按照行业简单划分，而是按照宏观政策、经济性监管、社会性监管等不同性质分类设置。中国经济转型阶段，价格制订与项目审批等权力仍须国家统一行使，因此如果谋求建立能源大部制，其意义应建立于加强宏观政策，而不是分割计划管制权！世界主要国家中除了日本也鲜有选择"政监合一"模式者。总之，能源大部制改革进程需要与国家发改委的改革协调互动，事关全局牵涉广泛，电力体制改革不可能等待它来作为突破口。

世界主要国家的电力（能源）管理体制，是按照职能性质分类设置并行权，而不是从维护行业利益出发来分割中央政府的管制权限。

图表 17　世界主要国家现行电力（能源）管理体制

	宏观政策 ——能源产业政策；能源安全与外交；资源管理（国有资产管理）	经济性监管 ——价格、准入、质量；反垄断	社会性监管 ——环保；核安全
美国	能源部、能源资源局、内政部矿产管理局	联邦能源监管委员会；各州公用事业委员会	环保署；核监管委员会
英国	能源＆气候变化部	天然气＆电力市场局	环境、食品与乡村事务部
德国	联邦经济与技术部、能源署	网络传输监管局；卡特尔办公室、国家竞争局、垄断委员会	环境署；联邦环境、自然保护与核安全部
法国	工业、能源与数字经济部（下设能源总局、气候与能效局）；原子能委员会	能源监管委员会	生态、可持续发展、交通与住房部；核安全管理局
日本	政监合一：经济产业省（下设资源能源厅）		环境省及其原子能安全厅；经济产业省（下设核能与工业安全厅）
俄罗斯	能源部、自然资源与环境部	联邦能源委员会、油气管道委员会	自然资源与环境部
印度	电力部、煤炭部、石油和天然气部、核能部、新能源与可再生能源部	中央电力监管委员会；州电力监管委员会、油气监管委员会	环保部
巴西	国家能源政策委员会、矿产能源部（矿业生产局）	矿产能源部（油气与生物能管理局、电力管理局）	环境局
中国	国家能源委员会、发改委（能源局）、水利部、国家原子能机构；国土资源部、国防科工局；另还涉及：国资委、财政部；外交部、科技部、工信部、商务部、交通部、建设部、农业部；有关行业协会	发改委（能源局），电监会、水利部；（反垄断）商务部、国家工商总局	环保部；国家安监总局，国家核安全局，煤炭安全监管局

　　"世界主要国家"——取舍范围为 5 个经济规模最大的发达国家，与代表新兴经济的"金砖四国"。

　　资料来源于《国外能源立法与能源体制研究》《能源管理体制研究报告》等，资料汇总并制表：电监会吴疆。

4.11.3 突破口设计之三：以战略性调整电力产业结构和构建新型产业制度为战略突破线

相比于上述管电职能与管电机构的改革，以电力行业调整优化产业制度为电力体制改革突破口更加可行可控，而且可以早出成效，适合作为下一阶段深化电改的主线，并且可以其他领域改革，例如：电价改革、产权制度、市场准入等合成发挥作用。这种改革符合世界电力市场化改革的潮流；符合电力行业发展与公共治理的客观规律；把握住了深化电改的核心要害。

它包括三个方面内容：

其一是横向治理。为了推动市场化改革、或保护本国战略产业、或加强监管抑制垄断，很多国家对于电力行业以内企业规模、数量、环节均衡度以及垄断性行为的配置与干预。中国长期实行计划经济体制，电力领域国有资产比重很高，企业规模的形成受到电力改革、国资管理等人为政策因素较多，很容易背离市场规律出现极端情况，因此，在下一阶段深化改革中，在产业横向治理方面依然有很大调整动力及操作空间。一是按照更佳的规模经济来优化超大型电网企业的规模，二是整合地方电力（能源）企业进一步形成规模优势，三是支持与规范中国电力（能源）企业加快国际化扩张。

其二是纵向治理。纵向治理的产业制度主要包括对上下游产业链所施行的纵向切分或者一体化整合。纵向拆分是电力市场化改革的标志，但不同国家拆分纵向一体化的核心不是产权，而是存在多种形式以及不同程度的拆分，甚至与兼并扩张并行不悖。对比世界主要国家，2002 年中国的电力市场化改革无疑是粗糙而肤浅的，没有抓住电网（输电）管制这一改革的核心，匆忙实施的产权分开也是不均衡不对称的（仅仅厂网分开），而且由于配套改革不到位，各个环节的电力企业都缺乏正常的可持续的经营机制，这次拆分改革多少带有一定盲目性，因此，在下一阶段深化改革中，在产业纵向治理方面必然需要补课。一是中国电力行业纵向治理结构远未到位，须要继厂网分开之后对称性地塑造购买侧的市场主体，二是推进电力与煤炭、燃气以及新能源的一体化智能化发展，三是探索开放电网末端的非网络业务市场。

其三是公共治理。依据电力技术经济特性，不断改进完善电力领域公共治理，包括价格、准入、资产管理等行业以外的强制性行政管理，调度、规划、技术标准等从行业抽离的强制性专业管理，交易服务、输电服务等行业以内半强制性公共管理与公共服务等不同层次。其中，完善调度/交易/电网（输电）三大公共机构的制度安排，是世界各国电力市场化改革的核心，目前为止中国的电力体制仍然尚未触及到这个核心，这也是当下电力领域各项深层次矛盾的焦点，因此，在下一阶段深化改革中，必然是电力行业以内最核心三大公共机构——调度、交易、电网（输电）的制度安排作为重点与要害。一方面，应借鉴世界上所有领土大国以及欧盟的经验，将调度（交易）机构与电网（输电）企业分开；另一方面，结合新能源、智能网等新技术新产业发展，应将"输配分开"转化为"网络/非网络业务分开"。

图表18 世界主要国家电力产业的制度安排

	调度/交易/电网（输电）三大公共机构安排	电网环节安排
英国	交易机构分离，调度/输电保持一体（TSO 模式）	配电环节传统上即独立分散状态，改革后电网环节实行输配产权分开——输电公司与配电公司没有产权关联
德国	交易机构分离，调度/输电保持一体（TSO 模式）	传统上配电环节独立分散状态，电网环节改革前即为输配产权分开或至少治权分开
法国	交易机构分离，调度/输电保持一体（TSO 模式）	原为垂直一体化，改革后电网环节实行输配治权分开——法国电力公司虽依然发/输/配/售一体，但输电公司、配电公司均是独立法人机构，与集团公司仅股权关系，总裁由政府任命
日本	交易机构分离，调度/输电保持一体	原为区域垂直一体化，改革后电网环节实行输配财务分开——10 大公司虽依然发/输/配/售一体，但按《电力事业法》要求实行功能分离，输配等各环节均财务分开核算
美国	调度/交易打捆分离，输电业务独立运营（ISO/RTO 模式）	原各公用电力公司垂直一体化，改革后电网环节实行输配财务分开——各电力公司虽仍发/输/配/售一体，但通过《公用事业统一会计制度》进行环节细分的财务核算

	调度/交易/电网（输电）三大公共机构安排	电网环节安排
阿根廷	调度/交易打捆分离，输电业务独立运营（CAMMESA 模式）	原为垂直一体化，改革后电网环节实行输配产权分开——输电公司禁止购售电、禁止从事发电或配电，发电、配电及其他私人公司禁止控股输电公司
俄罗斯	调度、交易、输电三者各自独立	原为发电/输电一体化而配电环节与地方参股，改革后电网环节实行输配产权分开——联邦政府为输电企业出资人，在配电公司也占有重要股份，但各为独立的企业
巴西	调度、交易、输电三者各自独立	原为垂直一体化，改革后电网环节实行输配产权分开——在发、输、配电分开的基础上，私人资本可通过竞标方式进入发电和配电领域，并禁止输电公司参与电力买卖
印度	调度、交易、输电三者各自独立	原各级均垂直一体化，改革后电网环节实行输配产权分开——输电公司不允许从事电力交易，发、输、配各自独立
中国	调度、交易、输电三者合一	原为发/输/配/售一体化，改革后电网环节依然输配不分——并通过"三集五大"等措施进一步集约管理

改革需要循序渐进，作为电力市场经济的第一阶段改革，2002 年电力体制改革实现了发电环节的市场化，而且成效显著；作为电力市场经济的第二阶段改革，新一轮电力制度改革的主攻方向势必集中在电网环节、特别是拆分国家电网。

针对目前电网企业公权/私权不分、独买/独卖垄断市场业务、以及规模过大缺乏效益的现实问题。我们认为需要进行三个方向的拆分与优化：

其一是行业权力拆分，将调度交易等公权机构划归中央政府管理，实现进一步的政企分开，同时加强中央政府的决策能力与控制能力。

其二是企业规模拆分，借鉴发电环节取得的改革经验和成效，进一步发挥比较竞争机制的作用；充分发挥南网经验取得更佳企业经济效益的创新成就，应该在加强推进全国联网的同时，可以采取划小电网企业规模的办法实现电力经营层面的优化。对此，可将全国电网资产重组为4—6个区域性输电企业，分区运营全国输电业务。

其三是市场业务拆分，中央电网企业不再从事电力营销，放开大型工商用户直接购电，将其他终端营销服务业务下放给地方性电力公司，形成均衡而活跃的电力市场格局——最终，电网环节明确为企业规模适度、经营机制单纯的输配电专业服务机构。

对于电网的拆分和优化方案，可视乎国内经济增长的实际情况有效重组。由此可见，新型电力产业制度的构建兼容性强，可以满足中央建设生态文明的战略突破！

新型电力产业制度的构建兼容性强，可以满足中央建设生态文明的战略突破！

4.12　新一轮电力体制改革的逻辑次序与路线图

4.12.1　衔接十年电力体制改革的历史经验

　　10 年电力体制改革的显著成效与深层次问题都不容忽视。对于下一步深化电力体制改革可以带来 5 点基本启示：一是电力行业市场化改革的方向值得坚守，多元竞争确实能够带来活力与进步；二是塑造竞争性市场格局的同时必须加强公共管理，中央层面科学决策需要更有力的专业支撑体系；三是电力产业制度调整应与价格体制改革等相配套，并为企业提供可持续的发展机制；四是改革步骤的次序中"细节出魔鬼"，对于改革任务被拖延中止时的负作用，应努力进行预见与控制；五是电力市场化改革的客观规律仍有大量未知，难以追求全景式一步到位，在坚持基本方向的同时，应注意阶段性成效的体现；六是新的能源革命挑战给改革提出了新要求。

　　我们需要根据未来 10 年经济社会发展的新形势与新要求，依据过去 60 余年中国管电体制演变的内在规律与国情反映，把握世界主要国家电力管理与改革的普遍经验与发展趋势，实现新一轮电力体制改革的顶层设计与决策。

4.12.2 确立进一步深化电力体制改革的行动原则

在新的历史时期深化电改需要新的思路，要从孤立的工业生产运行、走向系统的经济社会发展；要从内部性的行业管理、走向开放性的公共管理；从行业自我发展、走向与经济社会协调共进；从以行业规模效益技术等为核心价值、走向以更大价值与使用价值的统一实现为核心价值。

一是要进一步完善深化电力体制改革的指导思想，通过跳出行业服务大局，使改革的起点名正言顺，不再囿于行业脱困争取倾斜；通过重构新的话语体系，让改革的思维继往开来，不再教条于陷入僵局的文件口号；通过阶段推进务求实效，让改革的预期更加有为而有限，不再大而空泛难求实效。

二是要吸取历史经验教训明确分步实施的基本原则与逻辑次序，在博弈妥协过程中设置底线不允许倒退，防止否定市场化方向而重归计划——权力经济，同时加强领导坚决制止破坏改革的小动作；改革的每一步骤均应有利于下一步骤更好开展，吸取电力市场建设失败的教训，先行落实调度、交易等公共机构的制度安排；改革的每一步骤均应负作用可控、可承受拖延甚至中止，吸取厂网分开后电力体制改革停滞于电网企业独买独卖的教训，避免"更糟糕"的产业格局。

三是构建能够包容体现多方利益诉求的企业格局，防止强势利益集团一方独大，扭曲现实、压制不同诉求。

4.12.3　关于进一步深化电力体制改革的路线图

深化电力体制改革，要吸取经验教训、针对现实矛盾、顺应大局形势、符合客观规律，同时还要注重策略，充分预见改革决策与执行过程中的阻力与变数，特别注意各步骤之间的逻辑次序，一是每一步骤有所阶段性成果与收益，二是每一步骤为下一步滚积条件消除阻力，三是能够承受改革进程中的拖延与停滞。

依据这样"分步造势，此消彼长，对称对等，有破有立"的改革推进策略，可以形成包括"六个步骤"、"十项任务"的路线图。

4.12.3.1　关于电力体制改革的六个步骤

第一步"顶端设计、总体决策"：

十八大确定了顶层经济决策的五个核心要素：全面深化经济体制改革、实施创新驱动发展战略、推进经济结构战略性调整、推动城乡发展一体化、全面提高开放型经济水平。电力是政府和市场关系的重心，产业体量巨大，是较铁路、民航、卫生医疗、农村土地制度等领域更适合的全面深化经济体制改革的理想对象；电力具有协同新互联网、新材料、新基础设施引发科技革命的理想条件，全球电力正处于历史变革的转折点，电力是我国实施创新驱动战略的理想平台。此外，电力产业翻建可以显示我国经济结构新型主干；电力发展可以修改我国城市化进程；电力也是国际通用产业，具有集合内外高点交流的地位，应该成为十八大之后中央改革决策的重中之重。

第二步"政企分开、公权独立"：

进一步推进电力领域的政企分开，有效解决电力公权的独立管理问题，即将电力行业内特殊的公共职能从垄断企业中独立出来，组建国家调度交易中心、国家电力规划中心及国家电力标准中心，迅速提高中央层面的决策力与管制力，为深化电改保驾护航。

第三步"强化竞争、分拆巨头"：

明确并完善电力领域的反垄断政策，即优化电网环节的企业规模，通过拆分重组国家电网等企业实现更佳的规模经济，通过引进比较竞争机制以提高产业效益与信息透明度，推动电网从垄断电力市场转变为居间服务角色，为深化电改进一步消除阻力；

第四步"产需互动、对称放开"：

一是分批扩大用户直接购电，通过对称开放形成"多买/多卖"电力交易格局；二是将电网业务/非电网业务分离，组建省级电力购销服务公司，发放新的电力经营牌照，下放终端定价权形成权责对等的地方电力（能源）保障机制，在中央层面也相应地及时完善电力普遍服务标准及配套政策。

第五步"三维并举、经略市场"：

构建国际领先的电力工业网络、电力市场网络、信息网与电网融合的智能网络的三维网络，通过先进高效、高维度、多层次的电力复合网络配置资源。发展全国多层次的电力交易市场，推进先进的电力现期、远期产品和服务交易，实现生产者和消费者、产销者互动交易的成熟化电力经济网络。

第六步"做实基层、多网融合"：

将电力（能源）发展重心下沉，促进电力与燃气、水务等基础设施有机组合，以城市为结点更加广泛地试点推进智能能源网建设，塑造能源产销者通过市场机制保障能源安全，形成新的经济增长点并抢占世界"新产业革命"的制高点。

4.12.3.2　关于电力体制改革的"十项任务"

任务①，组建国家电力调度交易中心，进一步推进政企分开公权独立；

任务②，组建国家电力规划、电力标准中心，提高宏观决策与控制能力；

任务③，拆分重组全国电网企业，实现规模经济效益与比较竞争效益；

任务④，放开大用户直接购电，建立多买/多卖的电力交易格局；

任务⑤，放开电网末端市场，将网络业务/非网络业务分开；

任务⑥，销售电价定价权下放地方，建立权责对等的地方保电机制；

任务⑦，促进水/电/气/热有机构成复合能源网，实现网络优化；

任务⑧，以城市为结点广泛试点建设生态化能源体系，提升城市化质量；

任务⑨，建设智能能源网，抓住新技术革命机遇塑造经济新增长点；

任务⑩，塑造能源产销者，进一步保障能源安全。（详见下文）

上述"六个步骤""十项任务"的基本框架，每一步骤，不但有所阶段性成果与收益，而且为下一步滚积条件制造声势，阻力越来越小而动力越来越大；不但相关各方最终形成相对对称的均衡格局，而且其中每一方的权利/义务同样也尽量对等平衡；另外，在搞活时不忘管制，在放开时不忘增值，在"破"的时候别忘记"立"，最终形成双重的"有破有立"的辩证统一：一是电力行业重组的"破"与中央决策支撑体系的"立"，在塑造市场的同时加强管制能力；二是电力市场开放的"破"与建设智能能源网的"立"，在塑造中国电力新的产业制度同时，顺应新产业革命的大趋势推进形成新的经济增长点。

4.13 关于进一步深化电力体制改革的总体架构

依据上述情景分析所确定的改革主线，按照新的历史时期深化电改的总体思路、主要内容、具体任务以及相应逻辑次序，可进一步制订具体实施的路线图。

4.13.1　进一步推进政企分开、实现调度公权独立

改革开放以来，政企分开是电力行业体制改革的一个基本方向，在简政放权方面取得了重大进展。而基于电力系统的技术经济特性，电力行业的政企关系也就是公权/私权关系，不仅存在于政府与行业之间、政府与企业之间，而且存在于行业内部、特别是企业与某些特殊的行业公共机构（例如调度、交易机构）之间——下一阶段深化电力体制改革，在政企分开方面最核心的任务就是调度（交易）独立。

4.13.1.1　中国电力调度的特点与现状

电力调度，一是职能丰富、专业性强，一般涉及指挥、规划、配置、准入、交易、信息、技术等多种公共职能；二是具有强制性与传统权威，历年来形成比较完备的规则规程、纪律程序、技术规范体系，具有准军事化管理的性质。

目前中国电力调度现状，一是体系依然完整，具有国调—网调—省调—地调—县调等 5 级调度体系，具有比较先进的信息自动化系统与高素质的人才队伍；

二是权威性有所下降，2002 年改革之前各级调度机构与发电厂、供电局相互独立，但经"本部化"改制后完全服务于电网企业发展战略，调度机构自身直接与发电厂出现矛盾，调度工作的独立性权威性受到质疑；

三是专业性有所下降，改革之前调度机构服务于全系统

的安全稳定、技术进步等目标，单纯服务于电网企业之后，电网运行管理、方式规划甚至并网准入等环节更多考虑企业利益因素，一般性事故及安全隐患信息再难完全公开以促进全系统预防改进，节能调度等工作也推进困难；

四是调度机构自身的安全风险有所增大，改革之前各级调度机构是单纯的系统指挥者，与直接操作环节的界限清晰，经"调控一体"改制后被额外加上远方监控等责任，既当指挥员、又当操作员。

图表19 近年来世界典型大停电事故

	时　间	基本情况
美加大停电	2003 年 8 月 14 日 16 时	美国与加拿大相邻的一个变电站发生故障，后扩展为北美历史最严重的大停电事故，5000 万人饱受断电之苦。
伦敦大停电	2003 年 8 月 28 日	英国伦敦及英格兰东南地区发生大面积停电事故，伦敦地铁等交通系统受到严重影响。
莫斯科大停电	2005 年 5 月 25 日 10 时	俄罗斯首都莫斯科南部、西部及东南城区大面积停电，市内大约一半地区的工业、商业与交通陷入瘫痪。
印尼大停电	2005 年 8 月 18 日 10 时	印度尼西亚爪哇岛至巴厘岛的供电系统发生故障，造成首都雅加达至万丹之间的电力供应中断，将近 1 亿人口受到影响。
落杉矶大停电	2005 年 9 月 12 日	美国西部最大城市落杉矶发生大面积停电事故，事故引起交通堵塞，市区 200 多万人工作生活秩序受到影响。

续表

	时 间	基本情况
东京大停电	2006 年 8 月 14 日晨	由起重机撞断电缆线引发，日本东京及其周边地区发生大面积停电，大约 3000 万人受影响，证交所银行停业，地铁公交严重受阻。
巴西/巴拉圭大停电	2009 年 11 月 10 日晚	由伊泰普水电站送出线路故障引发，巴西最大城市里约热内卢、圣保罗以及周边地区大停电，全国负荷损失 40%，交通瘫痪，大约 5000 万居民受影响；临国巴拉圭全国停电 15 分钟。
印度大停电	2012 年 7 月 30 日、31 日	30 日凌晨 2 时，印度北部电网因事故基本全停，影响人口 3.7 亿；31 日 13 时，北部、东部及东北部电网出现新一轮崩溃，影响人口 6.7 亿。全国 38% 发电机组停运。
美国东部大停电	2012 年 10 月 29 日	因飓风"桑迪"登陆，造成美国东部地区约 740 万户居民和商家停电。用于救灾恢复不利，在纽约部分地区一周后仍有百万家庭无电可用。

资料来源：国家电监会吴疆综合整理

建国以来经过历代电力工作者的努力，中国不仅建成世界上最庞大的输电网络、最复杂的电力系统，而且拥有世界上最强大的调度体系。文革后期，百废待兴，国务院在恢复水利电力部建制的同时（1975 年），发布了《关于加快发展电力工业的通知》，批准同意了《跨省电网管理办法》，明确指出要加强电网的统一调度和管理，逐步形成了中国电力"统一调度、分级管理"的成功经验。中国在上世纪 70 年代平均每年发生 9 次电网稳定破坏事故，1981—1987 年减少到年均 7 次，1987—1997 年进一步压低到年均 2 次。1997 年至今中国再未发生过稳定破坏事故，而同期北美、欧洲、日本以及印度、巴西等国都发生过大面积停电事故。

很多国家的大电网协同指挥体系是随着联网规模扩展在维护商业利益的基础上逐步形成的，甚至多从约束力很弱的民间组织起步，屡次出现大停电事故后才逐步获得法规保护或国家授权而形成有限的权威；还有一些是在近年的电力市场化改革中，为了加强安全管理、为改革保驾护航，才作为改革的重要措施给予明确授权与定位。而中国对于电力调度的定位与授权，从最初开始就是服务于电网安全、稳定、经济运行等等公共目标，从上世纪 70 年代后期开始，中国即明确对电力调度赋予行政权威，通过《电网调度监管条例》等给予法律支持（明确"国务院电力行政主管部门主管电网调度工作"）、通过《安全稳定导则》等给予技术支撑，这是中国电力在安全管理方面领先世界同行的核心经验之一。

总之，电力调度尤其是中国的电力调度，对于电力行业保障安全稳定、预防处理事故、维护正常秩序、平衡各方权益、技术协调进步、清洁高效发展以及落实国家政策、服从配合管制等方面具有全面的影响，是电力行业最重要的枢纽性的公共环节。即使近年来有所削弱，但依然是中国电力行业以内最强大的公器——而且既然是公器，其权威性专业性必然是因服务于公共利益而加强，而因服务于企业经济利益而削弱。

4.13.1.2 中国电力交易的特点与现状

电力交易，一是以服务性质为主，设立专门的电力交易机构是上世纪 80 年代以来世界范围电力市场化改革的典型举措，但在很多国家并不强制乃至可有不止一家交易所可供选择；二是具有实际上的强制性，但在中国由于目前电力市场格局为电网企业独买独卖、各级政府依然严格电价管制与电量分配，因此加入由电网企业开设的交易机构是几乎唯一的选择。

目前电力交易现状：一是体系完备但职能定位不明确，2003—2006 年区域电力市场建设试点失败之后，陆续形成了国家—区域—省 3 级电力交易体系，但全部由电网企业主导、服务于其独家采购，职能定位并不明确；

二是现有交易机构服务于电力市场交易的能力仅仅处于初始阶段，在独买独卖、信息不透明以及市场契约几乎完全被计划分配、行政干预所取代的情况下，现有交易机构与其他国家真正市场化的电力交易所还有很大差距，在未来深化改革过程中还有很大提升空间。

总之，强调度、弱交易是目前中国电力调度/交易领域的基本现状，调度环节对于现阶段的电力交易与分配依然具有决定性的影响。

4.13.1.3 调度交易独立的必要性

（1）调度独立后，有利于更好地保障电力系统安全稳定

安全是一种社会效益目标，维护电力系统安全稳定所必

须的统一调度、统一规划、统一技术标准都必须借助超越企业利益的公共权力体制才可能有效落实。一些国家屡次出现大停电，正是其各电力企业之间无法通过市场机制来协调落实安全权责的结果；而中国有效保障电力安全的基础则是传统的政府行政权威，调度机构正是作为电力部等政府机构的代表而服务于全行业全社会，才发挥出巨大作用。自2002年电改以来，这一安全基础正在逐步变质，随着电网规模更庞大、结构矛盾更普遍、技术整合更复杂，中国电力的系统风险正不断积累；而通过调度独立的改革，则可以更好发扬行业优良传统。

一是发扬"安全第一，预防为主"的传统，调度独立后可以更好地从系统整体角度进行调度指挥，更有利于提高安全信息的透明度（特别是非重大事故与故障、障碍、隐患等信息），从根本上提高全系统安全水平、提前预防抵御事故；

二是发扬"团结治网"的传统，调度独立后可以超越企业利益纠葛，公平公正服务于所有市场主体，树立权威与公信力，提高电力企业（特别是广大发电企业以及地方电力企业）共同维护系统安全的积极性；

三是发扬"统一调度，分级管理"的传统，调度独立后通过法规授权、政府机构直接管理，调度机构的职能、机构、人员都更加稳定，与企业之间的安全责任更加明晰，减少了电力企业内部管理的随意性，无疑有利于理顺安全管理体制机制，进一步提高安全管理水平。

（2）增加信息透明度，更好服务于政府管理与决策

电力调度具有非常丰富的公共职能，从传统计划经济时期开始，有关政府部门与行政法规又赋予中国的电力调度机构强大的行政管理权威。政企分开改革深化特别是政府管理机构、管理方式变化之后，电力调度这一强大的公器遗落在电网垄断企业内部，形成巨大的错位，不但使独立发电企业、地方电力企业与电网企业之间市场地位的不平等性兑现与扩大，甚至自觉或不自觉地形成电网企业与政府管理之间的一个结，一方面拥有调度机构的电网企业在发展规划、技术标准的公共政策领域不断扩张影响，在电力行业一些重大问题上使政府决策缺乏客观评判，无形中干扰和"绑架"了政府部门的权威决策；

另一方面政府电力管理部门由于失去了调度这个重大的信息汇集与专业支撑系统，在安全管理、市场秩序等很多领域的话语权受到限制，监督管理的深入程度与专业性受到限制，对于大型垄断集团的制衡以及国家各项政策的执行效果打折。

通过调度独立的改革，一是使政府获得一个专业而独立的支持体系，有关信息透明度大幅提高，必然有利于兼听则明科学决策质量，有利于国家政策的统一与权威；

二是调度这个电力行业最大的公器从垄断企业转到政府部门，从根本上扭转电力行业权力与影响力的博弈格局，改变政府缺位与企业越位的局面，提高大型垄断性基础产业的

可控性，使企业更好地服从国家决策、配合政府管理。

（3）有利于更好地维护电力市场秩序、减少纠纷争议

调度（交易）机构独家占有大量系统信息资源，对各市场主体具有直接的操作指挥权与行政性质的管理权，运行方式的安排直接决定设备的收益水平，检修计划影响到设备的状态与寿命，发电曲线决定了交易合同的真正兑现价值，而并网启动的顺利与否则事关资产的价值实现。但正因如此，调度（交易）这样的公器一旦为垄断企业所掌握，"屁股指挥脑袋"，必然会自觉或不自觉地成为电网企业谋利的工具，这样，越是绝对的优势地位带来的越不是市场公信力，反而使电网/电厂之间、央企/地方电力之间的矛盾纠纷不断，相互的不信任感难以弥合。

通过调度独立的改革，一是有利于发电企业公平竞争，发电企业在方式计划安排、电费结算方面获得更加规范的服务；

二是有利于地方企业合理发展，通过实现电网无歧视开放，使其获得更大的发展空间；

三是有利于增进市场主体之间的互信，通过信息公开，从根本上减少纠纷争议，稳定行业正常秩序；

四是有利于电网企业维护自身正常权益，垄断企业同样存在维权问题，需要摆脱掉运动员/裁判员合一的尴尬身份；

五是有利于系统健康发展，通过调度机构更好地维护正常秩序、平衡各方权益，有利于进一步处理好网络阻塞、稳

定破坏、电能质量降低等问题。

（4）有利于更好地落实国家政策、引导电力科学发展

调度行为具有刚性指挥与行政强制的性质，必须依法依规规范行使。目前中国调度机构所执行的规则规范非常复杂，一是《电网调度管理条例》及其实施细则等原电力行业行政管理部门所颁发的法律法规，二是发改委、能源局等现电力管理部门所颁发的政策制度，三是《电力监管条例》等电力监管机构所颁发的规章规则，四是中电联等行业中介机构发布的技术标准，五是调度系统内部编制发布的调度规程与技术规范，六是调度机构所在电网企业所颁发的有关技术与管理文件。由于高度的专业性与信息不对称，调度机构在多元目标体系中必然存在一定程度侧重选择的操作空间，"屁股指挥脑袋"，只要国家、行业、企业之间存在价值取向的微小差异，调度机构的偏向都会放大这种差异。

通过调度独立的改革，一是可以使调度机构跳出企业服务全行业、跳出行业服务大局，树立更加宏观更加公益的目标原则；

二是促进电力系统技术协同与进步，落实电能质量与电网技术经济指标，提高全系统技术、质量以及信息的整体性与协调性；

三是更好引导电力科学发展，积极落实节能（环保）发电调度、全额收购可再生能源以及上大压小、发电权转让等一系列节能环保等各项国家政策。

（5）理顺性质定位、有利于调度（交易）职能更好开展

调度机构肩负多种公共职能，既是一种公共服务与必须环节，也是一种公共管理与强制职能，因此必须采取非营利性、独立性、专业性的组织形式；交易机构是从调度机构中分化出的新机构，与调度相比它的强制性相对较低、但更加注重服务，也需要采取非营利性、独立性、专业性的组织形式。将目前从属于各电力企业的调度与交易职能进行整合与升格，恢复为国家授权、独立运作的专业机构。

一是机构性质与职能属性更加对位更加名正言顺，无疑将提高有关工作的影响力与权威性；

二是升格为国家有关部门直接管理的事业单位后，职能、机构、人员、经费等方面更加稳定有保障，有利于专业能力提升；

三是与电力企业脱离之后，不必再考虑个别企业经济利益，有利于明确公共目标并集中精力、提高工作质量，通过服务社会、规范操作、依法行权、严格自律而使自身发挥更高层次的价值、获得更广阔的发展空间。

（6）解决重大前置问题，有利于推进电改其避免小垄断

一方面，电力体制改革是电力行业生产关系的重大改变，往往涉及职能、机构、人员、资产、业务的重大调整，通过加强调度管理保障系统安全稳定、维护生产交易建设秩序，是顺利推进改革的必须，对于幅员辽阔电网复杂的大国尤其如此；

一方面，电力体制改革也是利益的巨大调整，必然存在一定的阻力，仅仅抓住调度这个电力行业最大的公器、至少不落入反对改革一方，是谋划改革方案策略的重要一环，关系到改革阻力/动力此消彼涨的博弈格局；

　　另一方面，调度是电力行业内最核心的公共机构，调度（交易）机构自身的制度安排与改革定位，是电力市场化改革的基本问题，也是在产业重组等举措之前的重大前置问题，否则不论区域电网还是输配分开都只能造就更多小垄断者。

　　世界很多国家的电力体制改革中，对于调度（交易）机构的改革都是核心步骤（详见图表18）；对于领土面积较大的国家，调度与输电分离更是共同的选择（详见图表20）：

　　一是通过政府授权与法规保障，建立并加强调度（交易）机构职能，很多国家没有中国这样强大的电力调度体系，为了给改革保驾护航，必须建立并加强超越于企业之上的调度管理机构，例如美国跨州调度机构（RTO）、欧盟跨国电网联合运营及协调中心（Coreso）等都是适应改革的需要而专门组建的；

　　二是在改革方案制订与决策中，高度重视调度（交易）机构的制度安排，先于或者同步于产业格局调整及企业重组，以调度（交易）机构改革作为电力市场化改革整体方案的前置或核心步骤，例如阿根廷1992年成立调度交易中心（CAMMESA）之后才拆分发电、配电环节引进多元投资，俄罗斯则完全以调度（交易）机构的建设为优先条件，2001—

2002 年组建独立交易中心、调度中心之后又用了 6、7 年才稳步完成产业拆分重组——同是拆分国家级的巨无霸，对比统一电力系统股份公司（RAO）按计划完成历史使命与原国家电力公司及其继承者的尾大不掉，不同改革路径效果大相径庭。

因此，调度（交易）机构从电网企业中独立出来，已经成为电力市场建设顺利推进的重要前置问题，解决了这个问题，改革的深化将从此获得空前的力量。

（7）捅破窗纸直击要害，有利于新一轮电改迅速取得效果

调度/交易/电网（输电）三大公共机构的制度安排，是世界各国电力市场化改革的核心，三者不同程度的分开成为最普遍最基本的改革内容，目前世界主要国家中只有中国三者依然合一，还未真正触及电力市场化改革的实质。

自 2002 年以来，电网企业迅速认识到电力调度（交易）的重大意义，采取了若干规避调度独立的保护措施，主要包括：单独设立交易中心，分散职能弃卒保车；调度机构本部化，加强控制削弱影响；调度远控一体化，增加安全责任与复杂性；封锁舆论，使讨论或呼吁调度（交易）独立成为禁忌话题。但越是如此，越反证调度（交易）独立是一个深化电改重组产业的要害结点！电力调度（交易）机构设置问题是中国电力行业很多矛盾与问题的焦点，同时也恰是解决很多难题与困境的一把钥匙，是深化电改的七寸与死穴。

一是调度（交易）独立的所谓难度其实只在于前期的博弈，一旦捅破这层窗纸，实际的操作难度远远没有想象的大——调度（交易）机构目前体系相当清晰完整，整建制划转非常便利，牵扯面很小。

二是调度（交易）独立绝非什么"休克疗式变革"，转换成本与风险远远没有所声称的大——在一家独大的市场格局、独买独卖的交易模式没有改变的情况下，调度（交易）独立仅仅是公共权力层面的一种调整，对于电力生产运行交易分配的直接影响很小（如果仅因交易信息、交易实现过程将更加透明而感觉自身利益受损，不恰恰反证出垄断企业借助调度特权谋取了过多不正当利益吗？难道还应永远延续下去吗？）。

三是调度（交易）独立一旦实施可在很短时间完成重组，并将很快显现出预期效果，通过理顺定位不但有利于提高权威性专业性、有利于政府加强管理科学决策，而且将为进一步深化电改减少阻力增加助力、创造良好条件。

总之，调度（交易）独立作为新的历史时期深化电改的第一个重要步骤，操作便利，负作用小，快速见效，影响深远，直击要害，震撼人心，打破全行业对于强势垄断集团的心理惯性——在改革的深水区，面对霸气外泻的垄断利益集团，不必幻想捷径巧招，也不必妄求100%共识，唯有拿出擒贼先擒王、首战即决战的魄力！这是多米诺骨牌的第一块也是最大一块，只需第五代领导集体注入"第一推动力"，后续改革步骤将阻力越来越小而动力越来越大，走上符合客观规律的良性循环。

4.13.1.4 调度（交易）独立的不利因素

调度（交易）独立触动了电网企业的核心利益，必然遭遇强烈反对。而且由于多年来的信息封锁与学术封杀，目前中国不论行业以内还是行业以外，不论调度系统以内还是调度系统以外，对于调度（交易）独立的可行性同样存在不同程度的顾虑与疑惑，有必要进行公开的论证与辨析。

（1）安全保障与安全责任问题

保障电力系统安全稳定运行，是实施电力市场化改革必须遵守的原则之一，对于调度独立，最原生态的一种担心就是调度机构与电网企业分离之后，是否会引起电力安全稳定水平下降？如前所述，安全是一种社会性目标，安全管理是一种公共管理活动，电力安全管理的发展逻辑就是从自律到他律、从内部到外部、个体到集体、从企业到行业、从行业到国家……不断提高安全管理的权力级别，这也是美国等各国开展电力安全管理的共同发展逻辑。

事实上，调度（交易）独立并不存在安全风险，安全责任也非常清晰。而且与某些成见恰恰相反，调度独立之后，其安全管理活动从企业职能上升到公共职能，由政府直接管理、受法律法规保障，势必提高权威性与专业性，更有利于保障电力安全稳定运行。

以美国-加拿大为例，1965 年纽约大停电后，由各电力企业自我管理，组建了行业组织北美电力可靠性协会（NERC）；2003年美－加大停电后，在推动政府出台相关法令的同时，民间性质的NERC被改组为美国联邦能源管制委员会委托的独立公共机构（ERO）。而中国，调度机构原本是作为电力部等政府机构的代表对全系统实施安全管理，降格为电力企业内部机构后，其安全管理的公共性专业性权威性受到影响，亟待回归本位。

另外，电力调度是一种刚性的技术管理，调度机构与运行部门之间的安全责任是非常清晰的，是受规则规程、纪律程序、技术规范乃至计划票、操作票、接发令录音等一整套技术与管理措施保障的，并不会受机构层面调整的影响。而且不论机构层面任何调整，中国电力行业的安全意识、安全传统、安全文化都是远远优于其他各大行业的，其中调度队伍又是行业内素质最高纪律性最强的，经多年准军事化管理具有深入骨髓的安全意识、纪律意识，必将成为中国电力改革进程中一支可以信赖的重要维护力量。

（2）调度系统经费与待遇问题

目前中国国调/网调/省调/地调/县调5级调度共有3000余家机构，从业人员数万（其中国调/网调/省调3级共40家机构，大约2—3千人）。调度（交易）机构技术密集、人才密集，所需经费一是人力成本、物业开支、人员培训、规程修订以及调度专用技术设备维护费用等运行费用，二是房屋、调度专用技术装备的折旧重置成本与系统升级投资，其中每年调度自动化系统建设、升级、改造的投资大约4—5亿元。

调度（交易）机构的经费模式有6种可选模式，一是财政拨款模式，二是调度管理费模式，三是交易服务费模式，四是电价附加模式，五是会员费模式，六是捆绑业务模式（例如电力通信等少量营利性业务）。调度（交易）机构独立后，近期，日常运转可由财政部分拨款，开展业务可向电力企业收取电力调度管理费；远期，可随电力市场逐步建设运行，收取电力交易服务费。另外，电力调度专用的信息自动化系统，其建设与升级也需要比较可观的资金，一种方案是统一向财政申请专项资金，一种方案是将其全部在所收取的调度管理费中列支，但都需要统一规划、统一标准、明确与所调度对象互联互通的技术要求。

总之，维持电力调度（交易）系统运转需要一定经费支撑，稳定高素质人才队伍也需要相应的政策待遇（职业单位编制），但总体上人数有限而价值巨大，依然具有较高的投入产出效益；而且各级调度（交易）机构自身也拥有房屋土地等一定资产，调度系统经费与待遇问题并不会影响到调度（交易）机构独立的可行性。

4.13.1.5 调度交易独立的方案比选

4.13.1.5.1 方案比选之一：

调输分开（调度交易打捆独立）PK调输一体（仅交易独立）

目前关于调度（交易）机构独立的操作方案，一是调输分开（调度交易打捆独立），即调度与交易同时从电网企业分离，合并组建为独立的电力调度（交易）机构；二是调输一体（仅交易独立），即单独将交易分离出来，组建独立的电力交易中心，而调度依然保留在电网企业内部。

以上这两种方案的共同点是交易从电网企业中分离，不同点是调度是否与电网企业分离？也即是调输分开模式、还是调输一体模式的差别，可从以下两方面进行对比：

（1）选择调输分开符合世界电力市场化改革的客观规律

世界各国电力体制改革，有的选择调输分开模式，有的选择调输一体模式，如下图表所示，目前 PK 结果就是：国土面积较大的国家（俄罗斯、加拿大、美国、巴西、澳大利亚、阿根廷等）全部选择了调输分开模式（即"大国模式"），而国土面积较小的国家（欧洲国家及日本等）尚有不少选择调输一体模式（即"小国"模式）。

调输不分开的主要弊端在于可能影响到进一步提高安全管理权威性、影响电网公平开放、影响到其他市场主体利益、影响电网信息公开与外部监管，如果一国领土面积较小、电网规模小而结构简单，这些弊端尚可容忍；而如果一国幅员辽阔，电网规模庞大，分层分区情况复杂，跨省跨区交易等情况多样，调输不分开的负面作用就会显著加大而促使做出改革的决策，这是电力"范围经济"特性的又一体现。

世界各个领土大国的调度（交易）机构全部与输电企业相互独立设置，目前只有中国逆此规律

图表 20　世界主要国家调度/输电分合与领土面积的关系

单位：万平方公里

	领土面积	领土排名	调度/输电分合模式
俄罗斯	1708	1	调输分开——调度/交易/输电三者分开
加拿大	997	2	调输分开——（调度＋交易）/输电分开
中国	960	3	调输一体——（调度＋交易＋输电）三者合一
美国	936	4	调输分开——（调度＋交易）/输电分开
巴西	855	5	调输分开——调度/交易/输电三者分开
澳大利亚	774	6	调输分开——（调度＋交易）/输电分开
印度	329	7	调输分开——调度/交易/输电三者分开
阿根廷	278	8	调输分开——（调度＋交易）/输电分开
法国	55	47	调输一体——（调度＋输电）/交易分开
日本	38	60	调输一体——（调度＋输电）/交易分开
德国	36	61	调输一体——（调度＋输电）/交易分开
英国	24	76	调输一体——（调度＋输电）/交易分开
欧盟	432	可排入第7	调输分开——调度/交易/输电三者分开

资料来源：相关调研考察报告及专著，电监会吴疆整理汇总。

欧洲各国普遍面积较小，在前期改革中以选择调输一体模式为主，但随着欧盟内部经济一体化与国家间电网互联的发展，也出现了电网联合运营及协调中心（Coreso）这样独立的跨国调度中心，在欧盟发布的第三级内部能源市场指令包中也出现了调度机构与输电企业治权分开的（ITO）方案。

总之，对于中国这样的大国，调输分开是符合世界电力市场化改革的客观规律的理智选择。

（2）选择调输分开符合中国国情与深化改革的需要

目前中国电力行业中调度强、交易弱，两者完全不平衡。调度的职能非常丰富，拥有沿袭自政府电力管理部门、并依然受到相关法规支持的行政权威，在行业内影响巨大；而交易由调度分解出来，仅仅是电网企业的内部行为，在电价形成、电力电量分配依然由政府主导的背景下，目前所谓电力交易机构的职能与空间非常有限。

如果保持调输一体的仅仅交易独立，在一家独大的市场格局、独买独卖的交易模式、政府主导的电价形成与电力电量分配依然没有改变的情况下，交易机构势必形同虚设状若弃儿，而调度机构则可以通过安全校核等对交易机构进行强有力的干预、甚至使后者成为傀儡。而中国未来继续深化电改的过程中，依然需要调度（交易）的专业协助，例如竞争性电力市场的建设，一方面要克服传统计划管制的干扰，一方面需要有职能到位名副其实的交易机构——而交易并不是调度的核心职能，调度的权威主要在于方式、计划、准入等资源配置职能，在中国行政垄断、权力经济的国情背景之下，与调度分离的交易机构只能是受制于调度而无可奈何的鸡肋。由此可见，调度作为中国电力行业以内最强大的公器，只要方式配置这个核心职能依然属于电网企业，任何市场交易合约都是苍白无力的，这样的电力市场依然不可能是有效的。

总之，调输一体（仅交易独立）的改革方案，将是中国电改的新的陷阱！如果不能坚定决心依据中国国情与深化改革需要，坚决选择调输分开（调度交易打捆独立）的改革方案，不如维持现状，以免像 2002 年那样以改革之名，反而造成独买独卖的"更坏局面"。

方案比选之二：

4.13.1.5.2 调度（交易）独立 PK 调度（交易）中立

对于调度（交易）机构独立，还有一种方案就是：如果不完全独立，调度（交易）机构保留在电网企业内部，同时通过各种措施加强监管、促使其保持中立性并实现公开/公平/公正。类似输配分开有产权分开、治权分开、财务分开等不同模式一样，调度与电网（输电）之间似乎也存在产权分开、治权分开的不同可能。在目前选择调输一体（仅交易独立）模式较多的欧洲，在欧盟第三级内部能源市场指令包中所提到的独立输电运行机构（ITO）方案，就属于一种调/输治权分开的模式，即允许垂直一体化的输电企业保留系统的所有权，但系统必须由独立输电运行机构来管理，该机构可以是从属于同一母公司的不同子公司，通过由监管机构加强监管来保证电网的公平、无歧视接入。

这两种方案，调度（交易）独立 PK 调度（交易）中立，似乎都能实现调度与输电的分离，但是否真的都具备可行性呢？

（1）调度（交易）中立是需要法制背景支撑的中间模式

中国幅员辽阔、电网规模庞大、分层分区情况复杂、跨省跨区交易情况多样，调输分开（调度交易打捆独立）是中国最合乎逻辑的电力市场化改革目标模式。

在选择这一模式的世界主要国家中，调度（交易）独立是顺理成章的选择，例如美国区域输电组织（RTO）、澳大利亚电力市场管理公司（NEMMCO）、俄罗斯系统操作公司、阿根廷电力批发市场管理公司（CAMMESA）、巴西国家电力系统运行局（ONS）都是在原有电网（输电）企业之上单独组建的独立调度（交易）机构。

即使欧洲那些目前多为调输一体（仅交易独立）的国家，在现实中，随着各国间电网互联及电力交易的发展，已经实际形成了调度/交易/输电三者分开的电网联合运营及协调中心（Coreso）这种典型的跨国独立调度机构，目前已有德、法、英、意、比等5国参与。

很多国家的调度（交易）机构似乎与电网（输电）企业依然存在产权关系，仅仅是一种中立而非独立状态，但必须指出的是，这种产权关系大多仅仅体现于调度（交易）机构的组织层面，要求主要电力企业以及有关政府或社会组织甚至用户共同组建委员会，但在调度（交易）职能运作层面则完全依据法规授权及市场规则独立行使权力，因此这种调度（交易）中立是超越于企业产权之上的，这种中间模式需要完备的法制背景作为支撑。

（2）在中国难以落实与保障调度（交易）中立的中间模式

在大多数似乎是调度（交易）中立的国家，改革之初多为分散独立企业，随着电网互联或市场开放而依据规则与法制建立的调度机构。而中国改革之初为政企不分、独家办电，调度权力体系在历史上早以成型并具有行政强制力，后经开放投资、政企分开、厂网拆分逐步形成数量繁多的发电环节，对于其他市场主体权力强大的调度机构被遗留在电网企业内部，两者之间却没有任何法规规则的界定，调度机构的职能、机构、编制、经费等等完全没有任何规范与保护，完整性、确定性、稳定性、权威性都没有保障，调度工作随时都会受到所在企业的干预，不可能存在任何的中立性，只能服从服务于企业营利使命。

2002 年以来，从《电力体制改革方案》到《电力监管条例》都赋予电力监管机构对电力调度若干监管职能与手段，但大多至今依然难以落到实处。2011 年 1 月《电力调度监管办法》由国务院法制办在互联网公开征求意见时，收到多达 8000 余条意见，仅次于当时万众瞩目的《房屋征收补偿条例》，2000 多条反对意见尤其集中在对机构设置、执行规则、调度服务进行监管以及接入信息系统、派驻监管人员、调解裁决争议、违规处罚等源自 5 号文件和监管条例的条款，充分反映了对于外部监管的自然抵触。

总之，中国目前依然法制不完备，政府干预微观经济过多，但对利益集团管制不力，行业结构不均衡、交易模式不合理使垄断势力过于强大，电力调度这样影响重大的权力机构很难准确落实所谓"中立"的边界，由于信息高度不对称、它只要不服务于公共利益就很难进行监管，因此在进一步深化改革的时候，或者旗帜鲜明一步到位调度（交易）独立，或者避开调度领域而另寻突破口，那种所谓"中立"的中间模式是难以落实无法保障的，对于中国国情以及深化改革的需求是不适合的。

方案比选之三：

4.13.1.5.2　调度交易独立 PK 电价改革、输配分开、电网拆分

——调度交易独立：启动新一轮电改的最佳突破口

目前对于启动新一轮电改的呼声很高，但对于具体的改革路径却众说纷纭，特别是对于电改所涉的千头万绪，到底突破口在哪里更是莫衷一是。有提出以继续深化政企分开、调度交易独立为突破口，有提出以继续深化电力价格体制改革为突破口，有提出以电网业务重组、施行输配分开为突破口，有提出以电网企业拆分、加强区域电网为突破口。

如果以继续深化电力价格体制改革为突破口，一是在目前电网企业独买/独卖的情况下，不可能有效开展竞价上网，只能形成变相压价侵害发电企业权益；二是在电网企业拥有调度交易机构的情况下，与其具有零和竞争关系的大用户直

接购电必然难以顺利开展；三是在资源领域相关税收、补贴政策没有形成有机组合的情况下，电价改革将再次形成对煤矿业主等利益输送，需要更高层面的统筹与改进；四是目前为止电价改革在根本上缺乏可行的预期目标，电价不论上涨还是下降均弊病显著，这样的改革本身就是进退失据难以走远，只适宜作为产业制度改革的配套改革，根本不具备作为新一轮电改突破口的基本条件。

如果以电网业务重组、施行输配分开为突破口，一是输电/配电没有绝对的、稳定的标准，对于输/配分开界面多年以来都没有形成共识，至今依然难以在短期内迅速启动改革进入操作程序；二是分开之后的输电企业/配电企业分别拥有本层级电网的调度交易机构，依然具有谋取垄断利益的能力并使博弈更加复杂混乱；三是配电企业进入电力市场虽然形成多买格局，但这种批发代理机制依然无法使终端用户特别是占电力消费70%的大用户直接感受到市场的信号，显然，输配分开不但实施困难而且效果难以预期。

如果以电网企业拆分、加强区域电网为突破口，一是电网企业除了规模被压缩之外，其市场垄断地位没有任何本质改变，在电力交易中依然属于独买/独卖性质，正所谓从"一个大垄断"变成了"N个小垄断"，改革的效益不明确；二是各区域电网企业依然拥有本区域以内的调度交易机构，不但将继续维护其市场垄断地位，而且将在很大程度上继续保持信息的不透明，无法实现拆分超大型、独占型电网企业的改革预期目标，因此，拆分电网企业显然不如调度交易独立更适合作为新一轮电改的突破口。

总之，如果调度交易不独立，不论是电价改革还是拆分电网或输配分开都难以取得理想的效果，都无法绕过这个最核心的障碍，因此，继续深化政企分开、实施调度交易独立，是新一轮电改最佳也是唯一的突破口。

4.13.1.6 调度交易独立的基本操作

以现国家电网公司、南方电网公司及有关地方电力公司所属电力调度机构与电力交易机构为基础，组建国家电力调度及交易中心。

该中心为事业单位性质，由国家电力（能源）经济性监管及电力安全运行监管部门（发改委或电监会）直接管理。

主要职能为，负责全国电力调度、电力交易包括结算等工作，依照有关政策法规、市场规则及技术规程等，为维护电力系统连续、稳定、正常运行，对全国电力生产、输送、交易、使用等进行组织、指挥、指导、协调和服务。

国家电力调度及交易中心设在北京，在全国范围实行垂直管理，在地方接受地方电力（能源）经济性监管及电力安全运行监管部门的双重领导。

初期保持稳定直接沿袭现有国调—网调—省调—地调—县调等 5 级调度体系、以及国家—区域—省 3 级交易体系，远期根据电网及电力市场建设发展情况可调整简化。

另外，人员方面，给予事业单位编制以稳定队伍培育专业人才。

经费方面，该中心为非营利性质，日常运转可由财政部分拨款，开展业务及信息自动化系统建设升级，可向电力企业收取电力调度管理费、电力交易服务费。

4.13.2 构建电力公共决策的专业支撑体系

4.13.2.1 电力规划及标准工作的特点与现状

电力规划工作，一是专业性强，需要经过大量测算才能满足大电网的安全稳定；二是影响力大，是后续投资项目审批的重要基础直接影响产业布局。

目前中国电力规划工作的主要问题，一是牵头单位的权威性不够，电力规划设计总院、水利规划设计总院 2011 年机构重组之后，国家能源局依托中国能建集团及时成立了国家电力规划研究中心并陆续在部分地方设立分中心，但独立性与保障性依然不足；二是规划系统性权威性下降，"十一五"期间没有公布电力规划造成以项目审批代替规划、工程建设领域混乱加剧，"十二五"期间则取消"电力规划"而拆散为若干项"专项规划"，有关企业干预政府决策的空间越来越大。

电力技术标准标准，一是技术性强，随着新能源与智能网等领域新技术新产品大量应用于电网，对于技术标准建设的要求越来越高；二是需要更高的强制性，电力系统各元件普遍联系快速响应，涉及电网安全稳定、系统协调的技术标准必须提高强制性。

目前中国电力技术标准工作的主要问题，一是牵头单位的能力不足，中电联作为企业中介组织，没有足够的人力、财力与权威保证技术标准工作的专业性与独立性，有关企业对于电力技术标准的影响能力越来越大；二是近年来电力行业的安全技术标准缺失严重，大量2002年电改之前的标准亟待修订，新能源、智能网等很多领域出现国家标准空白，不能满足发展的需求。

4.13.2.2　组建电力规划及标准中心的必要性与可行性

一是有利于提高科学决策质量。电力规划与电力技术标准，都是具有一定强制性的专业管理，应从行业抽离，经由国家授权，由独立的专门机构来实施，有利于为有关决策提供专业性的支撑，加强中央政令的统一与权威，同时更好服务于全行业。

二是有利于提高有关工作的权威性。整合目前从事电力规划与电力技术标准工作的主要力量，从企业及行业组织中升格为国家有关部门直接管理的事业单位，并从职能、机构、人员、经费等方面给予保障，无疑将提高有关工作的影响力与权威性。

三是有利于提高有关工作的质量。整合升格之后，电力技术标准工作将得到更好的系统规划，为有关部门的管理与决策提供必要的技术支持，进一步提高电力系统的协调性与兼容性；而电力规划工作也有望得到加强，从项目委托式改进为全面自主推进，有利于集中精力、提高质量并加强各专项规划之间的协调性。

四是有利于协同互补。电力规划与电力技术标准，两者性质接近并且都存在加强宏观管理、提升性质定位的需求，两者合并运作，一方面可以提高电力技术标准的系统性与前瞻性，一方面可以为电力规划提供技术上的支持与约束，进一步提高有关决策的统一性与科学性。

五是有利于深化电力体制改革。一方面，电力规划与电力技术标准，目前都有一定的组织基础，操作难度不大，短期内即可显示出改革的效果；一方面，通过此项改革，可以进一步加强技术统一性协调性，保障电力系统安全，进一步规范电力建设投资领域，推进科学有序发展，为电力体制改革营造良好环境；更进一步，组建国家电力规划及标准中心之后，在进一步深化电改中，还可在推进全国电网互联、推进电力投资建设领域改革等方面承担更重要的职责、发挥更大的价值。

4.13.2.3　组建电力规划及标准中心的基本操作

以国家电力规划研究中心以及中电联标准化中心为基础，组建国家电力规划及标准中心。

该中心为事业单位性质，由国家电力（能源）管理部门（能源局）直接管理。

主要职责为，负责全国电力规划、电力技术标准等工作，为国家制订电力发展战略、产业政策以及规划等提供技术支持，统一推进并规范电力技术、安全、定额、质量标准工作。

国家电力规划及标准中心设在北京，可在区域、省设立垂直管理的分支机构，在地方接受地方电力（能源）管理部门的双重领导。

另外，在人员方面，给予事业单位编制以稳定队伍培育专业人才。

经费方面，该中心为非营利性质，日常运转可由财政部分拨款，开展业务可向电力企业收取电力规划管理费，研制电力技术标准亦可收取有关项目费用。

4.13.2.4　组建电力规划及标准中心的远期价值

组建国家电力规划及标准中心，并不仅是这两项工作的简单合并，更绝非深化电改线路图中的"闲笔"。在近期，该中心的成立意味着形成了服务于国家战略与社会公共利益的独立性、专业性、非营利性的技术支撑体系，有利于科学决策、科学发展。而在远期，在未来进一步深化电力体制改革中，特别是对全国电网环节进行拆分重组之后，国家电力规划及标准中心还有更大发展空间，可望承担更加重要的职能、发挥更大的价值。

（1）推进全国电网互联

一是负责全国联网的统一规划，开展有关技术论证与标准建设，避免一些专业技术领域的争议搀杂进过多企业经营因素。由国家电力规划及标准中心这一国家级事业单位牵头全国联网的统一规划，有利于更好地处理特高压等争议问题，更好地满足经济社会发展对于电力资源配置的需求。二是在下一阶段优化电网公司规模、拆分过大的全国性电网企业之后，可将相应的特高压、超高压（前期）建设部门划转过来，由国家电力规划及标准中心牵头推进全国联网工作，统筹推进各跨区输电工程项目的建设。借鉴全国高速公路网建设等相关行业经验，电力全国联网不是必须由某一个企业执行，可在统一规划的基础上，试行公开招标/委托建设/特许运营的公用事业管理制度。

（2）领衔电力建投招标

随着国家投融资体制逐步转变，在适当时候进一步深化电力准入管制领域的改革，对于电力建设项目实行国际普遍通行的公用事业管理制度——统一规划/公开招标/委托建设/特许运营，国家电力规划及标准中心在这种远期发展模式中，势必将获得更大的发展空间，成为中国电力发展建设的重要枢纽。

4.13.3 按规模经济重组电网实施比较竞争

4.13.3.1 中国电网企业现状与特点

目前中国电网企业全部为国有的输/配/售一体的电力企业，其中中央企业性质的有国家电网公司、南方电网公司，地方企业性质的有内蒙古电力公司、新疆生产建设兵团以及陕西、山西、广西等地方电力企业。

图表 21　国家电网、南方电网及内蒙古电力公司基本规模（2011 年）

单位：亿元、万千伏安、公里、亿千瓦时、人

	国家电网公司	南网电网公司	内蒙古电力公司
营业区域	全国 26 省市自治区	粤、桂、琼、滇、黔 5 省区	内蒙古 1 自治区
供电面积	845 万平方公里	100 万平方公里	71 万平方公里
供电人口	11.1 亿	2.3 亿	939 万
企业排行	2010 年世界500 强第 8 名	2010 年世界500 强第 149 名	2010 年中国500 强第 166 名
员工人数	1674541	310889	18984
资产总额	22093	5275	449
220KV 及以上变电容量	174678	58693	4904
220KV 及以上线路长度	361354	90006	13784
负债	13261	3454	282
主营业务收入	16598	3894	494
售电收入	15448	3794	485
供电量	33003	7062	1434
售电量	30937	6664	1306
利润总额	534	73	53
电力业务利润	309	64	52

数据来源：电监会；员工人数及规模排行来自《财富》杂志，为 2010 年数据

如上图表所示，目前中国电网企业在企业规模方面的主要特点是：

（1）目前电网企业规模形成于改革决策过程中试验性阶段性的人为设置

根据有关资料，开展新一轮电改在 2000 年底正式进入议

事日程之后，围绕未来的电网企业规模（暨市场布局）曾经出现多种方案，包括在国家电力公司以下分设华北、东北、西北、华东、华中和南方等6家区域电网公司的"1+6"方案，以及取消国家层面电网企业分别组建东北、北方、长江和南方等4大电网公司的"0+4"方案，等等。后经多方博弈与妥协，上述方案多次被"中和"，又提出将南方电网独立出来先行试点，以及明确国家电网与区域电网的关系（即区域电网独立运作，与国网仅保持股权上的关系），最终由最高决策者通过〔2002〕5号文即《电力体制改革方案》。

这一决策过程，一是反映出当时对于电力市场化的若干深层问题确实缺乏把握，博弈之激烈不仅出于利益，同时也确实由于未知尚多，对很多问题研究不到位；二是决定了5号文件所形成的现有企业规模具有试验性与阶段性，不应成为永久的市场布局。

26省规模的国家级电网企业、5省规模的区域电网企业、1省规模的省级电网企业经过一定时间的运作之后，有必要对其进行对比评价，以推动改革的继续深化——如果中国电网企业长期停留在目前这样26:5:1的怪异格局，将成为世界电力领域的笑谈。

（2）国家电网公司超大型的企业规模在世界电力行业中属于特例

电网由于具有不宜重复建设的自然垄断性质，在很多国家都是特许经营，随着经济社会发展与电网技术进步而逐渐形成较大企业规模。但电网同时还具有范围经济的技术经济特性，无论是技术边界还是经济边界都是难以无限扩张的，因此电力行业中的大型企业与银行、石油等行业相比依然是规模有限的，在世界500强排行榜中电力企业无论是营业收入、资产规模、员工数量通常都是很少能够名列前茅的，中国国网营业收入、员工人数分别位列第7、第3已属打破常规。

国网公司与"世界500强"中的同行相比，同样规模过大而经营指标落后。

图表22　2003—2010 年中国国网与世界 500 强电力企业规模对比

单位：亿美元、万人、万美元

		2003	2004	2005	2006	2007	2008	2009	2010
资产总额	中国国网	1271	1343	1449	1554	1864	2409	2698	3153
	行业平均	571	645	562	650	829	900	960	1053
营业收入	中国国网	583	713	870	1072	1329	1641	1845	2263
	行业平均	242	266	296	349	425	486	470	543
员工人数	中国国网	75.03	72.93	84.40	150.40	148.60	—	153.38	156.40
	行业平均	7.01	8.83	9.64	11.41	12.56	—	13.79	14.55
销售利润率	中国国网	0.45%	0.97%	1.23%	2.09%	3.33%	0.41%	-0.19%	2.01%
	行业平均	5.04%	5.67%	9.15%	7.45%	7.89%	2.87%	5.36%	3.41%
人均销售收入	中国国网	7.78	9.77	10.31	7.13	8.94	—	12.03	14.47
	行业平均	66.43	66.29	74.58	83.3	88.92	—	75.04	81.75

根据美国《财富》杂志"世界500强排行榜"的数据计算并制表：电监会吴疆

目前中国国家电网公司的企业规模之大在世界电力行业

中已经成为特例。从成立至今，其资产规模、营业收入始终是世界 500 强排行榜上其他大型电力企业平均水平的 2—3 倍，员工规模更一直是同行的 10 倍左右，企业各项技术经济指标都以"大"为基本因素。

而且世界大型电力企业很多都是电力（能源）混业经营，除了电力以外往往还有燃气、热力、煤炭、新能源以及能源服务、环境服务、基础设施等非常广泛的业务；而截至 2011 年底，国网公司的主营业务收入中售电收入的比重依然高达 93％以上，这样单纯依靠电力营销而实现如此企业规模，在世界电力发展历史上绝无仅有。

（3）一家独占型的市场地位与世界主要经济体的市场格局反差显著

电力（能源）产业在绝大多数国家都受到政府的严格管制，一方面，允许发挥规模经济优势形成较大的企业规模，与此同时，对于这些大型电力（能源）企业往往进行严格的监管，防止其滥用垄断优势地位、影响公平竞争破坏经济活力。

与美、欧、日相比，中国电力市场结构过于不均衡。

如图表 23 所示，目前世界主要经济体的电力（能源）产业领域都基本形成了比较均衡的市场格局，其中，美国的市场格局高度均衡，即使是第 20 名企业的营业收入依然达到第 1 名的 50％，这样，虽然没有超大型企业，但美国电力（能源）企业普遍热衷科技创新而具有较强的活力；欧洲各国之间已经高度开放，所有大型电力（能源）企业都难以再独占市场，前5大企业均属于同一量级并都受到严格的反垄断监管，由此练就欧洲企业国际化扩张的巨大优势；日本电力（能源）企业的数量虽然较少（只有10家），但即使最大的东京电力公司所占比例也只有32%。

图表23　世界主要经济体电力（能源）市场结构前20名大企业的营收对比

（第1名＝1）

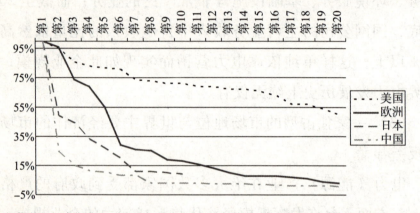

根据美国福布斯杂志"全球企业2000强排行榜"，中国能源报"中国能源集团500强排行榜"以及电监会"电力监管年度报告"等数据汇总并制图（国家电监会吴疆）

——而中国电力（能源）产业领域却呈现一种一家独占的畸形市场格局！作为规模第1名的国家电网公司，其营业规模超过了第2—10名所有企业之和，全国上千家电力（能源）企业中，只有4家能够达到国家电网的1/10，在世界主要经济体中，这样一家独占的市场格局可以说是绝无仅有。

4.13.3.2　重组电网企业的必要性

（1）由于规模过大，国网的财务经营指标系统性地落后

于南网

26 省规模的国家电网公司与 5 省规模的南方电网公司，分别是国家级电网企业与区域性电网企业的代表，代表了中国电力体制改革的两种模式与方向。由于对大型电力企业的规模经济，多为理论推理而普遍缺乏实证数据，因此在［2002］5 号文件形成之前的决策过程中，双方无法互相说服最终只好相互妥协，同时组建两种规模的电网企业以求实证。而 10 年以后，系统对比两家公司的财务经营指标可以发现，国网已经系统性地落后于南网：

一是不论销售利润率、资产回报率还是权益收益率指标，国网都全面落后于南网，显示出投入产出效率的落后；

二是国网比南网的收入负债比更高而资产周转率更低，显示出风险承受能力与资产运作质量的落后；

三是不论人均收入、人均利润还是人均资产指标，国网依然全面落后于南网；

四是唯有利润增长率、资产增长率特别是收入增长率指标，国网才与南网旗鼓相当堪堪打平，显示出近 10 年来在中国普遍存在的市场机会。

国网的经营指标几年来系统性地落后于南网（四大类指标七年的 71 次对比中 59 次落后），根本原因不是条件差异大或不努力，而只能说明国网公司的规模过大，已经超越了经济规模的合理限度，大而不当，勉为其难：

图表24 2004—2010 年两大电网公司财务指标对比

分类	指标	企业	2004	2005	2006	2007	2008	2009	2010
赢利能力	销售利润率	国网	0.97%	1.23%	2.09%	3.33%	0.41%	-0.19%	2.01%
		南网	1.22%	1.59%	3.84%	4.61%	1.36%	0.55%	1.88%
	资产回报率	国网	0.52%	0.74%	1.44%	2.37%	0.28%	-0.13%	1.45%
		南网	0.78%	1.13%	2.84%	3.58%	1.00%	0.39%	1.38%
	权益收益率	国网	1.45%	2.01%	3.76%	6.19%	0.79%	-0.38%	3.95%
		南网	2.00%	2.96%	7.55%	8.97%	2.75%	1.16%	4.27%
偿债及资产运作能力	资产负债率	国网	64.43%	63.07%	61.72%	61.69%	64.88%	66.61%	63.39%
		南网	61.06%	62.05%	62.39%	60.11%	63.83%	66.55%	67.73%
	收入负债比	国网	1.21	1.05	0.89	0.87	0.95	0.97	0.88
		南网	0.96	0.88	0.84	0.77	0.87	0.94	0.93
	资产周转率	国网	53.08%	60.01%	68.98%	71.28%	68.14%	68.38%	71.68%
		南网	63.67%	70.83%	73.94%	77.69%	73.05%	70.89%	73.11%
劳动生产率(万美元/人)	人均收入	国网	9.77	10.31	7.13	8.94	—	12.03	14.47
		南网	14.04	13.74	15.71	16.72	—	15.08	17.51
	人均利润	国网	0.10	0.13	0.15	0.30	—	-0.02	0.29
		南网	0.17	0.22	0.60	0.77	—	0.08	0.33
	人均资产	国网	18.41	17.17	10.33	12.55	—	17.59	20.16
		南网	22.05	19.04	21.24	21.52	—	21.28	23.96
成长性	收入增长率	国网	—	22.01%	23.22%	23.98%	23.52%	12.40%	22.66%
		南网	—	22.06%	21.04%	21.08%	21.33%	11.32%	19.05%
	利润增长率	国网	—	54.76%	108.38%	97.63%	-84.96%	亏损	扭亏
		南网	—	58.87%	192.64%	45.25%	-64.10%	-55.18%	308.37%
	资产增长率	国网	—	7.92%	7.21%	19.98%	29.20%	12.02%	16.85%
		南网	—	9.73%	15.96%	15.23%	29.02%	14.72%	15.44%

根据美国《财富》杂志"世界 500 强排行榜"的数据计算并制表：电监会吴疆

——如上图表综合统计，在全面涉及赢利能力、偿债及资产运作能力、劳动生产率、成长性的 71 次财务指标 PK 中国网全面落后于南网，并由 12∶59 的总比分绝对劣势显示出这些差距的系统性（而非一时一事的偶然性差异）。

国网、南网均是 2002 年脱胎于原国家电力公司的大型国有企业，企业性质、资产质量、人员素质基本相当，政策环境、市场环境也差别很小（输配环节购售差价、输配差价占销售电价比 2 个指标，多年来互有高低并无显著偏向），两公司领导班子均为中国电力行业传统精英，都同样严细管理、敬业进取甚至不乏干部交流……

总之，国网、南网本应是非常近似的两家企业，但企业分立独自运作近 10 年以来却在财务经营指标上出现巨大的系统性差异，唯一的只有：国家电网公司作为一家电力企业已经超越了合理的规模经济临界点，生产关系反向制约了生产力！

——如果说技术经济特性是电网层面"自然垄断"的理由，那么企业层面垄断（特许）经营的具体规模则应取决于一定历史时期的规模经济。受自然资源、技术装备、社会经济、历史政治等条件制约，规模经济曲线是有两个临界点的，如果无限扩张规模过大，就会物极而反演变为"规模不经济"；而不同产业环节、不同专业领域的规模经济也是各自不同的，需要合理配合相辅相成，或者适时拆分重组。中国电网企业规模 26∶5∶1 的怪异格局，实在是世界电力发展史上一场奢华的规模经济的实证，现在已经到了可以做出结论与选择的时候了！

（2）由于缺乏比较竞争激励，电网资产效益显著落后于发电

经济包括政治领域的比较竞争，是中国改革开放以来推动发展的动力之一；在电力行业，"一家大垄断变成几家小垄断"同样并非无聊之举，恰恰相反实效非凡。2002 年以来发电环节形成多元竞争格局（市场集中度总体上属于中等寡头垄断，在部分区域或省级市场垄断程度较高），缺乏比较竞争激励的电网环节相比之下在效益方面差距显著。

一是投入产出效益方面（详见图表 15），2011 年对比 2003 年电网投资约 3.5 倍而线路、变电设备产出仅 1.5 倍与 2.5 倍；而同期电源投资仅为 2 倍、装机产出却达 2.5—3 倍。

二是工程造价控制方面（详见图表 6），2010 年对比 2002 年各电压等级交流线路单位造价普遍增加五成左右、变电工程除 500KV 以外也普遍增长；而同期电源单位造价却普遍下降 20% 左右。

三是劳动生产率方面，国网南网不断兼并地方供电，员工比改革初期都出现了倍增，分别超过 150 万和 30 万人而成为世界上员工最多的电力企业；而同期发电企业严格控制人员增长并通过"上大压小"显著提高效率，目前劳产率类指标已显著优于电网企业，人均资产等指标甚至达到后者的 3—4 倍。

四是设备利用率方面，如下图表所示，中国输电网规模

世界第一、设备运龄更是非常年轻，但交流500KV输电线路的输送功率只有其他国家的一半，线路装机比、线路电量比只有美国的59%与65%，更长期存在送不出、落不下以及"卡脖子"现象，重投资轻效益问题突出；而同期发电企业在不利的价格体制下大幅削减火电投资比例乃至数额，在小时数低谷阶段依然保持高于世界水平（包括英国、澳大利亚等典型高煤电比重国家）。

与美、日相比，中国电网的输电效率明显低下

图表25　中国、美国、日本输电网效率指标比较

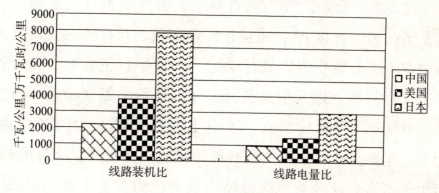

单位：万千瓦、亿千瓦时、公里、千瓦/公里、万千瓦时/公里

	中国（2010年）	美国（2007年）	日本（2008年）
发电装机	96641	99588	28053
发电量	41999	39219	10749
输电线路长度	432110	263842	35730
线路装机比	2236	3775	7851
线路电量比	972	1486	3008

数据来源：国际能源署（IEA）；输电线路长度为220KV及以上，但不包括中国的特高压线路。

图表26　中国跨省跨区交流输电线路利用情况　　　单位：万千瓦

		实际平均输送功率	设计经济功率（理论）
华北电网	26 条 500KV 省间线路	67	110
华中电网	18 条 500KV 省间线路	34	110
华东电网	17 条 500KV 省间线路	43	110
东北电网	16 条 500KV 省间线路	36	110
南方电网	18 条 500KV 省间线路	47	110
晋东南 – 南阳 – 荆门	1 条 1000KV 跨区线路	135	240

数据来源：电监会

　　提高资产效益的动力来自竞争，而竞争不仅仅是同一市场此消彼长的直接 PK，也包括同业比较的指标压力。而真正能把竞争压力转变为有效行动的，还须要自主经营、自负盈亏的权责机制，以及信息公开、外部监管的制度措施。目前中国电网环节集中度过高，26 省电力资产被高度集权于一家超大型电网企业中，虽然也开展各种横向比较乃至指标考核，但由于诸多企业经营管理战略决策的权力日益上收，相关信息并不透明缺乏外界监管监督，这种权责不对等的内部"模拟竞争"并不能真正转化为各下级企业提高效率的主动性创造性，与独立发电企业在市场中真枪实弹透明公开的竞争效果是无法相提并论的。

　　2002 年电改以来，通过加大投入改进技术，电网企业与发电企业在生产效率方面均取得了显著进步，线损率与煤耗率、厂用电率等技术经济指标取得了幅度接近的改进。而由于缺乏更有竞争性的制度安排，电网环节的资产效益显著劣于发电环节，这不是人为主观努力问题，而是来自生产关系的制约，正是需要推行改革的地方。

（3）"大国无巨头"，国网规模已不符合国际电力发展规律

图表27　2003—2010年世界500强电力（能源）企业国别变动情况

	中国	日本	韩国	法国	德国	英国	西班牙	意大利	瑞典	葡萄牙	俄罗斯	美国	加拿大	墨西哥
1995	—	6	1	1	1	—	—	1	—	—	—	3	—	—
1996	—	6	1	1	1	—	—	1	—	—	—	3	—	—
1997	—	5	1	2	1	1	—	1	—	—	—	6	1	—
1998	—	5	1	2	1	1	—	1	—	—	—	8	1	—
1999	1	5	1	2	1	1	1	1	—	—	—	9	1	—
2000	1	5	1	2	1	1	1	1	—	—	—	12	1	—
2001	1	5	1	2	1	1	1	1	—	—	—	17	1	—
2002	—	5	1	2	1	1	1	2	1	—	—	14	—	—
2003	1	5	1	2	2	2	2	1	1	—	—	9	—	—
2004	2	5	1	3	2	3	2	1	—	—	1	6	—	1
2005	2	4	1	3	2	4	2	1	—	—	1	4	—	1
2006	2	3	1	2	3	3	1	1	—	—	—	5	—	1
2007	2	3	1	2	3	3	2	1	1	—	—	2	—	1
2008	3	3	1	2	3	3	2	1	1	—	—	2	—	1
2009	6	4	1	3	3	3	2	1	1	—	—	1	—	1
2010	6	4	1	2	3	3	2	1	1	—	—	—	—	1

资料来源：《财富》杂志"世界500强排行榜"

世界各国电力行业中存在一种"大国无巨头"现象，俄罗斯、加拿大、美国、巴西、澳大利亚、印度、阿根廷等领土面积最大的国家中（除了中国）目前均没有"世界500强"级别的超大型电力企业。

一是从理论上看，如果一国幅员辽阔，电网规模庞大，分层分区复杂，则因地制宜满足需求同时比较竞争提高效率的需求就会成为重要矛盾，只有一家电网企业覆盖全国的弊端就会更显著（而电网互联与跨地区交易等问题，可通过加强规划与协调、建立电力市场等手段来处理）。

二是在实践中，这些大国或者不发展全国性超大型电力企业，或者通过改革对原有全国性超大企业进行拆分。例如俄罗斯、阿根廷等国原来都曾拥有全国性大型电力企业，俄罗斯统一电力公司（UES）还曾不止一次登上"世界500强排行榜"，但同样都进行了有意识的拆分重组。又如美国电力产业虽然总体规模庞大，但高度分散仅独立发电商即多达数百家，1995年至今美国曾有多达25家电力（能源）企业进入"世界500强"，其中安然公司（ENRON）甚至曾经达到过这类企业中绝无仅有的世界第6位，但随着安然、CMS、Dynegy等公司财务欺诈问题被曝光，美国改进了会计制度、加强了对于这些巨头企业的监管，到2010年的"世界500强排行榜"中已经看不到美国的电力（能源）企业。

三是在日本、欧洲等国土面积、电网规模较小的国家，同样不会产生中国国家电网覆盖全网的超大电力（能源）企业。日本电网规模低于中国，依然分为 10 家电力企业。欧洲整体的经济规模、土地面积、电网规模堪与中国相比，在有些国家存在覆盖一国的大型电力企业，但欧洲各国之间市场高度开放，在整个欧洲电网层面不论是政治、经济、技术、监管等因素均不可能产生覆盖全网的电力（能源）企业，法国、意大利、德国、西班牙、英国等国的大型电力（能源）巨头不但业务领域高度混合，而且处于典型的多元竞争市场格局，永远不可能出现象中国国家电网这样一家独占的畸形市场格局。

四是即使在部分小国存在覆盖一定区域的超大型电力企业，但一方面作为垄断型企业其市场行为总是受到政府严格监管与社会高度警惕，欧洲多次对德国莱茵集团等著名电力（能源）巨头进行反垄断调查或制裁；另一方面电力超大企业经营效益"大≠美"的问题比较突出几成定律，例如巨无霸级的法国电力公司劳动生产率、偿债及资产运作能力等指标长期落后于同行，东京电力公司已经连续数年债台高筑、亏损上百亿美元，意大利电力公司净利润持续负增长最近已被信用降级，美国安然公司由于资产运作失控走向财务欺诈歧途，德国意昂集团从 2011 年开始因政府弃核政策而遭遇数十亿欧元损失，而状况稍好的法国 GDF 集团则以燃气、水务为主业仅仅兼营电力业务。

总之，自组建以来，中国国家电网公司虽然是"世界500 强排行榜"上的常客，但在规模远超同行的同时其赢利能力、劳动生产率等多项财务指标远远落后于世界水平，这不仅有国情因素，同样也是国际电力发展规律的反映——在当前历史阶段，"世界500强"中规模过大的电力（能源）企业或亏损严重，或效益低迷，而以规模适中者的经营更加成功，因此过大的规模并非电力（能源）企业成功的标志，中国国网这种超大规模的电网企业的确是大而不当勉为其难。

（4）企业规模过大，不利于建立现代企业制度实现持续发展

电力是资产密集型产业，不断扩大融资是中国电力企业健康持续发展的一项长期任务。近年来电网企业扩大收入的主要来源，一是增加成本不断扩大购售电价差，二是推出特高压等大型建设计划争取政策性融资支持，三是发挥市场优势地位进入电气装置等相关领域，虽然收入不断增长但总体资产效率非常低，对于扩大融资的依赖性很高。至少在可以预见的"十二五""十三五"时期，国家电网公司每年的投资规划依然在3000亿左右，资金压力挥之不去。

但随着市场经济体制不断完善以及国际化发展，健全现代企业制度对于企业扩大融资的影响越来越大。一是并未彻底完成［2002］5号文件所要求的组建5大区域电网有限责任公司或股份有限公司的任务，目前5大区域电网公司人、财、物方面的管理均被统一集中，资产、业务、自主经营决策权基本已经被抽空。二是自身并未健全以公司制为标志的现代企业制度，缺乏包括董事会、监事会和职业经理层在内的公

司法人治理结构，企业依然承担若干社会的、行业的甚至政府的职能，输配电等各项业务缺乏独立财务核算，一些低压配网资产仍产权不清。总之，规模过大又缺乏现代企业制度对于国家电网持续发展的弊端日益显著：

一是权益性融资困难，企业高度集权内部一家独大，财务管理资产运作缺乏透明度与规范性，难以使外来投资者建立信任不敢参与电网业务，不仅难以整体上市只能借助关联企业间接融资，而且难以引进战略合作者，这样外界难以参与的封闭运作显然不利于提高资产运营效益保持持续发展。

二是债务性融资困难，由于业务交叉、资产不清、成本模糊、回报不明，债务性融资中往往借整体实力打包而未充分借助具体项目引进债权人监督与参与，而且无法借助更高财务杠杆。如下图表所示，近 10 年来中国两大电网公司的资产负债率始终低于"世界 500 强"大型电力（能源）企业平均水平大约 10 个百分点，财务运作的潜力还未充分挖掘。

三是国际化竞争发展困难，在更广阔的国际化发展中，国家电网公司过大的规模、在中国市场几近独占的市场地位，也并不总是有利条件，一方面会被竞争对手指责有中国政府特殊支持、构成不正当竞争，另一方面会被当地政府或一些政治势力怀疑有特殊的政治背景、身份或含义。

图表 28　2003—2010 年世界 500 强电力（能源）企业的资产负债率

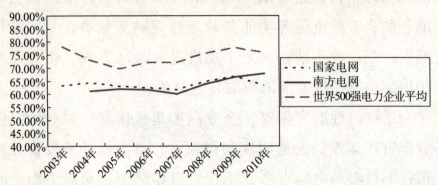

	2003 年	2004 年	2005 年	2006 年	2007 年	2008 年	2009 年	2010 年
国家电网	63.29%	64.43%	63.07%	62.39%	61.69%	64.88%	66.61%	63.39%
南方电网	—	61.06%	62.05%	61.72%	60.11%	63.83%	66.55%	67.73%
上榜电力企业平均	78.24%	72.90%	69.61%	72.11%	71.98%	75.47%	77.81%	75.88%

数据来源：根据《财富》杂志"世界 500 强排行榜"的数据折算。

（5）企业规模过大，不利于与地方理顺权责落实电力保障责任

电力属于二次终端能源，电力供应在本质上属于地方公共事务，电网是随经济社会发展而逐步联网扩大的。而在世界大国的发展历史中，中央集权与地方自治的软/硬、收/放是存在周期性的，能源、交通、电信等大型基础产业与公用事业的开放与独营、私有与国有也是循环反复的。

2002 年改革以前，中国县级地方独立供电企业将近 1000 家，再加上将近 1000 个趸售县，电网央企只占大约 1/3 终端电

力市场；随着越来越多的地方资产无偿上划电网央企，目前县级地方独立供电企业已经不足 500 家，电力央企在终端市场的份额提高到了 80% 以上。而且与发电环节多采取股份制等比较规范的操作不同，超大型电网央企由于缺乏现代企业制度，多采取了资产上划、管理权上收的集权扩张方式。在区域层面，5 号文件要求组建为有限责任公司或股份有限公司的 5 家区域电网公司，其人、财、物等主要经营管理权已被国网公司逐渐收权架空；在省一层面，电网央企已直接介入省内城市供电公司的人事与内部运营，为建国以来电力经营管理集权之最。2002 年电改以来的 10 年，同时也是电网央企不断扩张、不断集权的 10 年，在不断追求提高效率、加强控制的经营目标之余，也走到物极必反过犹不及的新的历史节点。

近年来配电网增长速度显著落后于输电网，以央企为主导难以解决好地方电力保障问题。

图表29　"十一五"期间中国输/配电网增长速度对比

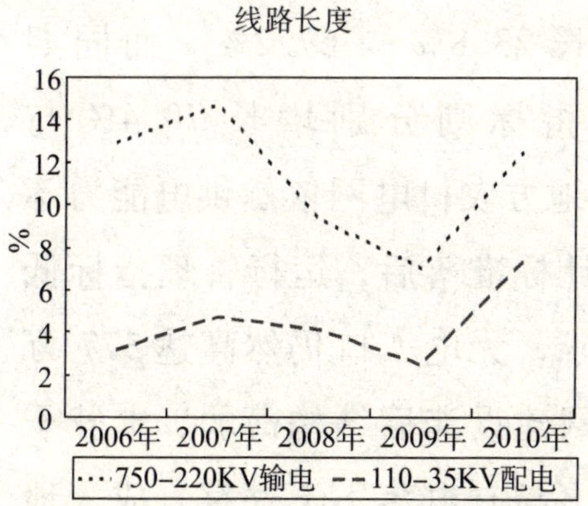

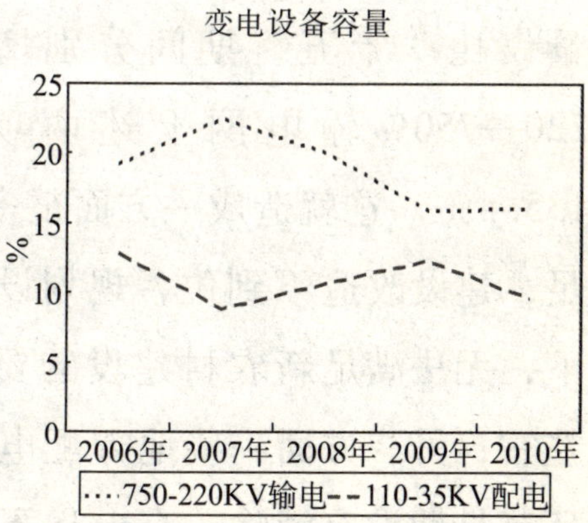

线路长度　　　　　　　　　　变电设备容量

	交流线路长度同比增速		变电设备容量同比增速	
	输电 750–220KV	配电 110–35KV	输电 750–220KV	配电 110–35KV
2006 年	12.9	3.2	19.2	12.8
2007 年	14.7	4.7	22.4	8.8
2008 年	9.3	4.1	20.0	10.7
2009 年	7.0	2.5	15.9	12.3
2010 年	12.5	7.4	16.0	9.6
比"十五"末期总增长	70.4	23.8	135.4	67.2

数据来源为国家能源局、国家电监会联合发布的《十一五电网运营情况调研报告》，电监会吴疆制图制表。

一是全国性的超大型电网央企无法根本解决各地电力保障问题。全国性的超大型电网央企必然以全国范围的资源配置为其经营运作的重心，从主观到客观都不可能因地制宜尽心尽力处理好每一地方的电力保障问题。如上图表所示，近年来电网央企对110KV及以下低压配电网的投资比重显著下降，"十二五"期间110KV及以下配电网线路长度、设备容量仅比"十五"期间分别增长23.8%与67.2%，而同期220—750%输电网上述两项指标则分别增长70.4%与135.4%。这就造成一方面很多地方农村电网依然供电能力不足，建设改造不到位，规划设计标准落后，运行管理指标低下，无法满足新农村建设的要求，无电人口仍然高达377万左右；另一方面一些地方配电网建设滞后结构薄弱，卡脖子环节长期没有消除，有电送不出与有电落不下并存，成为地方经济发展与保障民生的负面因素。

二是电网央企规模过大垄断经营严重抑制了地方电力的自主发展。终端供电业务本有严格的营业区域划分，但全国性的超大型电网央企完全垄断了上级电网，并利用这种优势挤压地方供电企业的发展空间，限制电压等级、控制电量增容并争夺优质大用户，加剧了地方供电企业的经营困难。而在地方电力电量平衡方面，全国性的超大型电网央企完全垄断了各省的电力供应，既可以控制外来电力的送出与受入，又可以控制省内电源的规划布局、送出工程、并网出力与调度调剂，不仅具备了与地方政府讨价还价谋夺供电资产的有利地位，而且干预到地方电源建设与能源布局。

三是供电领域"央进地退"不利于形成分级合作的电力保障机制。地方政府在交出供电资产、退出电网事务的同时，也逐步放弃保障责任、形成"用户心态"，但事实上，对于各地的电力保障，电网央企仅仅是必要条件而非充分条件。一方面目前中国跨省、跨区电量交换所占比例还非常低（详见图表30），大约85%的电力依然是在本省以内就地就近生产消费，绝大多数都适宜分层分区就地就近平衡。另一方面地方政府在项目审批、电价调整、土地资源等环节仍有重要权力，对于电网企业的建设投资、造价控制、收入利润具有影响（"十一五"期间输电线路的征地拆迁补偿费用增长了一倍以上，占线路本体工程成本的比重从1/6左右急剧上涨到1/2左右）。特别是每当出现电荒，地方政府固然有效措施不足，电网央企跨省跨区调度调剂也屡有阻力，双方无法合作共赢有效合作、也无法发挥各自优势。

建国以来中国管电体制多次变化，但绝大多数时候均为中央/地方分级管理、特别是省级以下双重领导甚至地方为主的模式。2002年电力体制改革以来，在政府层面依然延续了分级管电（中央为主）的体制，但在企业层面特别是电网环节却出现了中央企业集权扩张、地方政府逐渐卸责的局面，双方在利益分配与权责划分方面的矛盾逐渐积累，日益暴露出严重的弊端，既不利于应对电荒，更不利于从根本上保障供应维护民生。

（6）企业规模过大，不利于电网开放技术进步产业升级

电网，是能源流通与消费的渠道系统，同时也是相关技术应用与创新的重要环节，是新能源新技术新产业发展的公共平台。当前正处于世界范围新能源与智能网络等新技术新产业兴起的关键时期，随着现代金融的日益国际化杠杆化，需要远距离大宗贸易的传统化石能源价格变动剧烈、市场操纵显著、交易成本与交易风险不断攀升，而随着全社会对于资源环境价值认识不断深入，传统化石能源的外部成本也不断显露，能源需求的多样化与本土化催生了新能源技术的大发展；随着IT产业急需寻找信息技术革命的第三次高潮，借助现代电网海量设备信息的网络化互动，将推动互联网技术从目前的"人—网"信息向"人—网—物—市场行为"信息进化，智能网络技术前景广阔。在这个历史阶段，电网对于

新能源与智能网络等新技术新产业兴起，虽然不是充分条件，但也是必要条件，类似铁路之于蒸汽机、高速路网之于汽车、互联网之于计算机。如果电网企业规模过大，在市场中拥有绝对的支配地位，将不利于电网公平开放，不利于技术进步、产业升级。

一是电网企业规模过大，与上游产业的合谋将提高技术锁定的社会成本。截止目前，信息领域的垄断多为技术性垄断，通过产品的不断升级换代而打破旧垄断、实现新垄断，而代价就是地球上数以亿计的电子垃圾，从手机到电脑都沦为快速消费品，2007 年以来世界范围严重金融危机已经揭示过这种缺乏监管的垄断以及过度消费主义的危害。一旦这种IT 产业的发展模式套用到电网领域，信息技术垄断与电网自然垄断深度结合，巨量巨额装置资产的沉淀性，必将大大阻碍"摩尔定律" 18 个月升级换代的节奏，通过使技术过早定型或长期停滞，而帮助市场垄断者获得空前的收益。虽然中国电网企业高度依赖信息及装置产业，维护靠厂商，维修靠换件，但由于规模过大并具有绝对独家买方的市场优势地位，通过与上游产业的竞争与竞合、博弈与合谋，垄断利益的空前收获将建立于技术锁定的社会成本。

二是电网企业规模过大必将减少新技术发展的多样性，增加决策风险性。新能源及智能网络的兴起是大势所趋，但技术的成熟、产业的形成、制度的完善、观念的改变特别是原有体系的新陈代谢都需要一个缓慢的实现过程，相关电网技术的发展既要积极跟进又不能抽象跃进。目前在所有国家，新能源及智能网络在技术层面都尚不成熟，成本昂贵并缺乏长时间可靠使用的实证，现阶段均以研发、实验、试点、示范为主要活动。目前唯一相对普遍被接受的智能电表项目，在绝大多数国家也至少还需 5 年左右才可能全面普及并形成信息网络；目前各类新能源中技术最成熟、成本最低廉、发展最快最成规模的风电，则被发现并网消纳困难，还需额外更多的电力系统配套成本以及传统能源替代成本。电网企业规模过大且在市场中拥有绝对的支配地位，在以独家集权决策替代千万家分散决策的同时，必将严重降低新技术发展的多样性，而将很多原本影响有限的技术层面的不确定性升级为全行业的政策性的巨大风险。

三是电网企业在市场中拥有绝对的支配地位，必将过度介入新兴产业发展。由于资源能源领域消极的价格管制，中国各界对于国际能源危机少有真正的切肤之痛而更乐观于新的市场机会，新能源新技术新产业最大的推动力量来自虚拟经济与时尚媒体，经济支撑主要来自利益转移而不是价值创新——传统产业向新兴产业利益转移、普通消费者向时尚消费者利益转移。因此各界对于这个领域的投资机会竞争激烈，在市场中拥有特殊地位的垄断企业更是乐于借机扩展业务，兑现更大垄断利益。中国电网企业规模过大，在技术选择时的话语权远远高于其他国家且缺乏制约，不仅在电动汽车领域与石油巨头激烈交锋，在智能电表等更多装置领域则常借技术标准或曰入网标准对市场进行干涉，甚至直接入主有关电气企业或信息技术企业。电网企业利用垄断地位过度介入新兴产业发展，不仅增大社会成本、增加发展风险，更将人为抬高新产业的进入成本，降低新技术发展的活力与开放性，最终阻碍中国新能源及智能网络领域的技术进步，也不利于电网技术与相关支撑技术、应用技术乃至用电技术协同并进，再次沦为世界产业分工中的技术购买者与低端生产者。

（7）在现有产业格局下，企业规模过大将放大垄断的负面作用

由于电网在技术上存在自然垄断特性，电网领域的垄断经营在世界各国也很常见，但中国 2002 年实施厂网分开的电力体制改革后，在发电侧多元竞争的同时，电网企业在每年超过四万亿规模的电力交易中处于独家买入、独家卖出的绝对优势地位，形成一种显著失衡的市场格局与交易格局。在发电环节，电网企业是全部电力电量的独家收购者，自身还拥有一定容量的新能源机组与调峰调频机组；在供电环节，电网企业既是唯一的上级批发者，更是虎视眈眈的零售竞争者。显然在这种制度安排下，垄断者的优势地位过于强大，负面作用也超出一般水平，市场秩序时刻面临严重威胁；特别是如果电网企业规模过大、覆盖全国，则必将这种垄断的负面作用放大到极致，既缺少制衡机制，也难以有效监督，多元竞争者根本无望自主选择，产业环节之间对立严重矛盾空前，严重威胁行业内的正常交易秩序。在这样基本的市场

格局与交易格局下，经过上一步骤组建国家电力规划及标准中心、组建国家电力调度及交易中心、使行业内最主要的公共职能公共机构独立之后，如果进一步优化电网公司规模，可以一定程度压缩垄断的负面作用：

一是在供电环节，如果电网环节规模适度，在全国范围内仅有若干家区域性电网企业而再无国家级电网经营企业，那么，在供电环节虽然电网企业依旧是批发者兼竞争者的双重身份，但（更多省份的）地方供电企业增加了从相邻跨区省份引进电源的机会——跨区电网之间的交流低压并联操作在技术上是禁止的，但在企业经营市场交易层面是没有理由反对终端零售企业自主选择批发商的，因此在调度交易以及规划机构独立的情况下，只要能够保证解环备用的运行方式不引起安全稳定事故，是完全可以增加这样一种自主选择性的！一方面，从各种技术经济现实条件综合考虑，真正值得做出这种选择的情况是比较极端的，陕西地电从内蒙古引进电源的案例将是绝少的；但另一方面，在增加这种自主选择权利之后，相当于在各区域电网企业之间引进了一定程度的竞争机制，将促进它们改善与地方供电企业的关系，更好服务于地方。

二是在发电环节，虽然依旧是电网企业独家收购，但由于将规模过大的国家级电网企业拆分为若干家各自独立的区域电网企业，那么发电企业同样增加了一定程度的选择权。其中全国性的发电集团可以选择在不同的区域进行投资，甚至在极端情况下通过资产重组"抛弃"某一区域，这样就会在与区域电网企业的业务关系中增加话语权，减少送出工程被限制或者被无偿占用的情况；而地方性的发电企业以服务本地为主，虽然不一定有机会行使跨区域"用脚投票"的权利，但由于电网企业规模划小，势必更加关注地方事务、依赖地方市场，由此地方性发电企业与区域电网企业之间也可以有更多的对话机会。

三是在跨区域环节，如果不再有规模过大的全国性电网企业，而代之以几家区域性电网企业，那么，一方面，跨区域电能交易将更加透明公开、价格合理，可最大限度地减少目前借跨区交易压低发电企业上网电价、接力交易、对冲交易、随意调整长期合同、将短期交易分解为若干临时交易甚至电力交易与一次能源流向不一致等等问题，一定程度上削弱现有市场格局与交易格局下电网企业作为垄断者的市场优势地位。另一方面，在各省各区分层分区电力电量平衡的基础上，跨区域的电力需求将更加真实理性，在独立的国家电力规划及标准中心牵头下，跨区域电网的规划建设将更加突出专业性。

（8）企业规模过大，不利于政府管制与科学决策

对电力进行各种形式各种程度的监督与干预，是世界各国的通行做法，管制的有效性与决策的科学性，同样也与市场格局、企业规模有关。监管与被监管，公共决策与企业决策，必然存在一定程度的矛盾冲突，如果象中国电网环节这

样企业规模过大几乎独占一个产业环节，那么此消彼长，必然造成对于政府管制与科学决策的负面影响。

一是企业规模过大，必然缺乏可比性。一方面很多统计数据、企业经营情况，都在超大型企业内部被整理合并，然后再统一上报或公开，信息的透明度与可信度都不高；另一方面如果企业规模大到独占一个产业环节，在面对外界评价特别是批评意见时，必然会以各种理由强调自身的特殊性，这样由于可比性不高在一些时候也使政府难以决策。试想如果没有南方电网，整体评价原国家电力公司的经营效益与资产价值将更加困难；又如在电价管制方面，如果没有可比较的竞争性的产业格局，是不可能有效实施激励性的定价机制。

二是企业规模过大，必然决策游说能力过强。对于一些重大决策，本应集思广益、兼听才明，如果行业结构过于集中，企业规模大到独此一家，那么在决策过程中必然声音过少，影响重大决策的质量。以专业性非常高的特高压争议为例，近两年"两会"期间，国网公司都会游说上百名行业以外的代表委员提出有关提案，在与各地政府谈判加强合作、保障供电时也常常将支持特高压作为条件，不论特高压问题本身的是非对错，这种利用强势地位干预决策的行为方式本身，对于最终的科学决策无疑都是有害的。

三是企业规模过大，必然形成政策执行依赖。电力（能源）历来是国家重点监管与调控的领域，但很多中央的政令与政策最终还是要通过电力企业来落实。如果某一产业环节企业规模过大，必然形成执行过程的路径依赖，各项政策实际的落实程度与操作空间完全由少数企业把持，不仅自身难以监督评价，而且还会影响到其他多元化市场化的产业环节。例如可再生能源并网理应给予电网环节一定的补贴，但由于电网企业过于集中，电网改造或新建的必要性、相关性以及规模进度等信息外界难以把握，必然影响到政策调整以至弃风问题至今难以根治。

四是企业规模过大，必然使外部监督内部化。建国 60 余年，中国管电体制从行业部改为综合经济部门或外部监管机构进行管理，体现了不断外部化的改革方向。如果企业规模过大必然会使外部监督内部化，一方面会使政府威信被严重折扣，很多政策监管要求被过滤被选择，同时很多企业意志企业标准企业规划却被强加给行业与社会；另一方面会使很多公共事务无法暴露问题并提高水平，例如电网安全管理与供电服务质量，本无绝对止境但应以外部监管为标准，外部监督内部化必将削弱继续提高的动力。

（9）企业规模过大，不利于进一步深化改革

电网企业规模过大，的确存在很多弊端，有必要进行规模优化。但必须指出的是，没有任何证据表明这些弊端是电网企业主观的追求，相对而言 5 号文件不成熟的制度安排才从根本上助推了垄断企业日益负面的行为方式。但另一方面，企业是人类社会三类组织形式中最成熟最高效的，超大规模的垄断企业一旦形成就必然会按照自身的内在逻辑运转，包

括固化垄断利益并不断集权扩张，由此势必逐步走向市场化改革的反面，2002年电改的不到位相当于为自身培育了一个空前强大的反对势力。

一是不断加强集权走向企业组织的边界。国家电网公司自组建以来就以加强集权为主要发展线索，干部人事方面加强流动、打破山头，财务管理方面资金统筹运作、资产频繁重组，设备物资方面从统一标准统一招标开始加强控制，业务流程方面通过大规划、大运行、大营销等体系建设加强垂直管理，组织机构方面基本架空区域电网公司的管理权限并进一步直接干预省以下城市供电企业有关事务……在历来缺乏产权制度的中国，追求集权成王败寇是历史主流文化，现代信息技术网络技术的发展，客观上也为超大型企业集团实施扁平化管理提供了技术手段。三十年河东、三十年河西，任何事物都有自身的发展边界与周期轮回。1998年原国家电力公司也推行过类似的集权措施，将东北电力集团公司改组为分公司，同时做实黑、吉、辽三省电力公司的独立法人资格；后推广到西北、华中、华东、南方等各区域。但在2002年电力体制改革方案中，在拆分国家电力公司的同时，则明确提出按现代企业制度设置享有法人财产权的各大区域电网公司。天下大势，分久必合，合久必分，新世纪以来中国很多领域利益集团做大、很多行业巨型央企高歌猛进，但随着各地方、各类投资主体被相对抑制，利益集团日益走向弊大于利，不断加强集权反而将走向企业组织的边界。

二是不断扩张规模走向系统安全的边界。国家电网公司自组建以来就不断扩展规模，包括通过无偿接收地方供电企业资产而不断扩大营业区域，包括通过进入电力装置与技术服务、新能源、金融保险、通信、传媒等多个行业而扩展业务领域，而在电网建设领域也是不断扩大投资规模，目前已经达到每年3000亿元的水平。但与此同时，电网投资总体效益不高，不仅电价被长期人为抑制，而且输电设备的运营水平也显著低于美国，电网资产的使用价值同样没有充分发挥。而另一方面，中国幅员辽阔，电网规模庞大、结构复杂，仅输电电压等级就有近10种，作为全国性电网公司倾斜超高压、特高压电网建设，而对较低电压等级电网建设重视不够，更未通过简化电压层次来优化电网层区结构，这样在电网规模不断扩大的同时，必然使中国大电网的结构问题更加严重，电磁环网、短路电流超标、下级电网空心化等等问题对于系统安全稳定的威胁越来越大，电网大面积停电风险突出。更严重的是在一些电网发展问题上，出现了试图推翻《电力系统稳定导则》以及试图推翻分层分区、就近平衡等基本原则的苗头，显示了在不断扩张规模反而将走向系统安全的边界。

总之，垄断是一种自然现象，不必否认垄断形成中的"合理性"，但同样需要强调抑制垄断的更高价值。不必否认集权垄断带来的管理效率与企业利益，但同样需要强调更高层面的产业效益与社会福利。不必否认国家电网公司作为一家国有企业的不懈努力与卓越成就，但规模过大的电网企业按照自身的内在逻辑不断集权扩张、固化垄断利益，逐步走向企业组织与系统安全的边界，同时也逐步走向了市场化改革的反面，这是一种很正常的恶性循环。在任何国家，电网都是特许垄断经营，电力（能源）领域的垄断集团也是常态；但与此同时，各级政府代表社会公众利益对垄断环节进行监管、抑制、制度安排，在经济上是一种常见的现象，在政治上则是政府必须做且必须不断努力做好的——美国式的垄断格局拆分模式与欧洲式的垄断行为监管模式相比，显然还是美国模式更加适合中国的国情。

4.13.3.2　重组电网企业的不利因素

重组电网企业直接削弱超大型电网企业的实力，必然遭遇强烈反对。但这次重组属于现有企业内部的整建制拆分，不会增加管理成本，也不会增加交易成本——恰恰相反，借鉴厂网分开改革的历史经验，通过形成比较竞争格局反而会提高效益，并通过提高透明度而有利于政府管制。另外，通过此前一步骤组建国家电力规划及标准中心，重组电网企业后也不会影响全国联网等跨区域电网工程。

（1）关于管理成本问题

2002 年厂网分开之后，五大发电集团在组建过程中纷纷兴建办公大楼、增加管理人员，引起各界对于拆分式的产业重组增加管理成本的议论。但值得指出的，一是厂网分开之前，除华能以外的另四大发电集团完全不存在，所有发电厂均由国家电力公司统一管理，改革之后单独组建企业集团，搭建管理队伍包括落实办公地点都是题中应有之意，即使是兴建办公楼对于世界 500 强级别的企业集团也并不过分。二是并无直接证据说明五大发电集团在稳定运行之后出现管理成本大幅上升的情况，恰恰相反由于比较竞争机制的形成，从 2002 年至今火电工程单位造价在各项物价齐涨的情况下出现 20% 左右的下降，难能可贵并与依旧保持垄断的电网环节形成反差。三是如果拆分规模过大的电网企业、组建若干家区域性的电网企业，在目前国家电网、南方电网的管理队伍包括办公建筑的基础上，需要额外增加的管理费用是非常有限的，这是与组建五大发电集团很大的不同；四是随着若干家区域性的电网企业独立运作自主经营，形成电网环节的比较竞争格局，相信会对提高效率、降低有关成本起到根本性的推动作用，而且有利于政府监管社会监督。总之，优化电网企业规模不会增加管理成本。

（2）关于交易成本问题

目前中国电力系统的的跨省跨区交易，绝大多数均为超大型电网企业的内部事务，相关政府部门一般主要关注电力电量平衡调剂，而具体的价格结算由企业内部进行会计处理即可，只有相关发电企业会对此关注。如果拆分规模过大的电网企业、组建若干家区域性的电网企业，所有跨区域电力交易就变成不同企业法人之间真实的交易，是否会因此提高交易成本、增加纠纷争议、影响市场秩序？关于这个问题，一是目前跨区域电力交易只有大约 10 条左右输电通道，每年交易电量仅占全国的 3% 左右，而且其价格均由政府核定。二是跨区域电力交易主要的问题是信息透明度不高，一方面发电企业被变相压低上网价格或者被迫分担线损，另一方面输电企业收取的过网费环节多、费用高、依据不足。三是跨区域电力交易既有企业层面的矛盾，更有相关地方政府之间的博弈，因此影响交易成本的不仅有经济因素也有政治因素。四是通过前一阶段电力规划及调度交易机构的独立，可以帮助提高科学决策水平，更好满足跨区域资源配置的需求。五是通过优化电网企业规模，多家区域电网企业比较竞争，将提高信息透明度，有利于发电企业维护自身利益，有助于政府科学管制价格。总之，优化电网企业规模不会增加交易成本。

目前跨省、跨区电量交换比例很低，分别只有 13% 及 3% 左右，电力供需仍然以省内平衡为主

图表 30　2005—2011 年跨省、跨区电量交换情况 单位：亿千瓦时、%

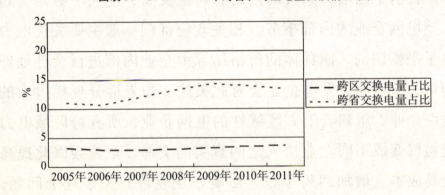

	跨区		跨省		全国发电量
	交换电量	占比	交换电量	占比	
2005 年	804	3.22	2748	11.00	24975
2006 年	815	2.86	3054	10.72	28499
2007 年	949	2.91	3927	12.03	32644
2008 年	1049	3.04	4560	13.21	34510
2009 年	1213	3.30	5245	14.25	36812
2010 年	1492	3.53	5879	13.91	42278
2011 年	1680	3.56	6323	13.39	47217

根据中电联统计资料汇编整理并制表：电监会吴疆

（3）关于跨区域工程问题

目前跨区域电网工程项目均由电网企业总部的有关职能部门统一项目规划、统一资金调度、统一协调推进，各省电网公司一般仅负责本省范围以内的政府协调与施工管理。如果拆分规模过大的电网企业、组建若干家区域性的电网企业，这些跨区域工程项目将由谁作为新的牵头机构来保障其顺利推进？关于这个问题，一是在深化电改的前一步骤组建国家电力规划及标准中心，负责全国联网的统一规划，开展有关技术论证与标准建设，以利于更好地处理特高压等争议问题，更好地满足经济社会发展对于电力资源配置的需求。二是在优化电网公司规模、拆分过大的电网企业之后，可由国家电力规划及标准中心牵头推进全国联网工作，统筹推进各跨区输电工程项目的建设。在过渡阶段，可组建项目法人机构，专门负责跨区域电网在建项目的顺利实施，以保证"西电东送"全国联网有关工程不断不乱。事实上从上世纪八九十年代开始逐步形成各省区 500KV 超高压主网架的过程中，各地纷纷成立"超高压局"等机构专门从事相关工程的建设运营，取得了很好的效果。更进一步，借鉴全国高速公路网建设等相关行业经验，电力全国联网不是必须由某一个企业执行，在统一规划的基础上，可逐步试行公开招标/委托建设/特许运营的公用事业管理制度。总之，跨区域工程问题可有多种成熟的操作模式来处理，优化电网企业规模并不会影响到有关工程的建设运营。

4.13.3.3　重组电网企业的方案比选

优化电网企业规模涉及资产拆分重组，关系重大利益转移，必然需要经过复杂艰巨的博弈过程。前期研究中任何理论上的理想方案，能坚持走到决策终点的概率很低。因此刻意勾画强调最优方案的实际意义是很有限的，更重要的还是明确若干基本原则，为达成更好的次优选择划定基本边界，以减少决策成本、提高决策效率、避免漫无边际的开放式命题。

（1）电网企业拆分重组，宜在全国范围统筹设计重组方案

如前所述 5 号文件所形成的现有电网企业规模具有试验性与阶段性，26 省规模的国家电网公司、5 省规模的南方电网公司以及 1 省规模的内蒙古电力公司分别代表着国家级电网企业、区域性电网企业以及省级电网企业这 3 种不同模式。

经过将近 10 年的实践，国家级电网企业在取得各项卓越成就的同时弊端也同样显著，并不适合中国当前历史发展阶段的现实要求，应进一步深化改革重组电力产业，不再保留任何形式的国家级电网企业。当然，改革不等于拆分，更不能为拆而拆，优化电网企业规模的意义，并非简单地否定与拆分国家电网公司模式，而是根据经济社会发展的需要，为中国电力探索更加合理的产业制度。这样在考虑重组方案时，应统筹兼顾 31 省份电网企业情况，同时考虑现有 3 家电网企业的情况，重新组建新的中央管理的电网企业。

（2）电网业务应坚持地域特许经营且维持一定规模，排除省为实体

规模经济有两个临界点，过大或过小都可能走向不经济。因此一方面国家级电网企业的模式固然弊端显著，需要拆分优化；但另一方面，电网企业仍应继续保持按地域特许经营且维持一定规模，首先排除 1 省规模的模式。一是中国省、自治区、直辖市多达 32 个，而国资委直属央企总数只有一百余家，企业数量过多，不利于国家进行控制与管理。二是在现有体制下政府对于企业经营的干预依然比较严重，如果完全对应各省设立电网企业很容易重现 5 号文件所强调的省间壁垒的老问题。三是中国各省情况差异过大，对于电力（能源）配置的要求不同，单个省份设立电网企业不利于更好发挥大电网资源配置的作用。四是省一级电网企业规模过小，不利于跨省跨区电网的进一步发展，不利于集约化管理提高

效率，更不利于形成合力参与国际竞争。

（3）电网企业重组之后的规模宜相对均衡，以利于各自发展与比较竞争

电网企业重组的目的，不仅要形成更佳的规模经济，还要有利于形成比较竞争机制，为此一个基本要求就是规模相对均衡。如果将目前国家电网公司中的东北区域、西北区域分离独立，保留覆盖华东、华北、华中的"三华"电网为一个企业，这个新的三华电网企业将达到全国用电量的68%左右并覆盖大约65%的发电机组，不仅自身规模依然较大，而且与东北、西北电网企业的规模悬殊巨大，将达到后两者的7—9倍，很难形成有效的比较竞争格局。而且西北、东北地区均具有资源丰富、电力外送需求迫切的特点，华东、华北、华中合并之后将形成过于强大的独家买方，不利于市场格局的平衡，将造成西北、东北的边缘化加剧地区之间的不平衡，不利于全面均衡发展。

图表 31　中国六大区域电网业务规模（2011 年）

单位：万千瓦、亿千瓦时

	东北	华北	西北	华东	华中	南方
省份数	3	6	5	5	7	5
发电装机	7.38	24.00	10.08	20.57	20.40	17.56
用电量	6.99	24.83	8.53	24.44	18.53	16.67

数据来源：中电联

（4）区域电网划分方案保持开放，但须提前研究明确有关原则

优化电网企业规模，依然以数省结为一个"区域"的规模为宜。但在具体划分时，是否继续沿袭现有 6 大区域？或者在此基础上适当调整？类似［2002］5 号文件出台之前"1 + 6"、"0 + 4"等等多种方案，具体方案必经决策过程中的博弈妥协才能最终形成，因此只需明确有关原则而给进一步的讨论留下空间。一是服务于区域经济发展，改革开放以来中国逐步形成若干区域性经济圈，内部出现一定的产业分工与合作，电网发展应不显著违背经济社会基本走势。二是借助区域电网的基础，区域是建国以来长期存在的电网层级，也是电力行业管理与电力企业经营的历史现象，具有良好的基础。三是配合未来资源配置的走势，中国不同地区之间资源、市场的差异巨大，从省到区域到国家逐级平衡调剂更加经济便利。四是保持具有竞争性的企业规模，一方面在国内市场形成比较竞争局面促进信息公开，另一方面在国际市场上保持一定的经济规模更有利于参与竞争。

2011 年全国电网企业主营业务收入高达 3300 亿美元，即使规模最小的东北三省电网企业也越过了"世界 500 强"的门槛。因此，以中国目前世界第二大的经济规模，只要合理划分，所有区域电网企业都会在"世界 500 强"中占有一席之地，保持在国际市场竞争中的基本经济规模。按照目前国内国际市场的发展势头，优化电网企业规模之后，"十二五"

"十三五"期间中国可望出现15—20家"世界500强"级别的电力企业群体，并包括发电、电网、辅业、地方电力（能源）集团等类型，而中国企业的上榜总数可望超过百家——

图表32　1995—2010年"世界500强排行榜"上榜门槛　单位：亿美元

	"世界500强"上榜门槛		电力（能源）企业上榜门槛		
	第500名	销售收入	最后一名	排行序位	销售收入
1995	巴西 TELEBRAS	87	美国南方	480	92
1996	意大利 BMDPDS	92	日本中国	497	92
1997	美国 SUN	90	美爱迪生	487	92
1998	美国 NORTHROP GRUMMAN	89	韩国电力	444	101
1999	英国 LIMITED	97	美埃-帕	465	106
2000	法国 SODEXHO ALLIANCE	103	美国卓越	453	116
2001	日本 TAKENAKA	101	美国南方	495	102
2002	日本 KAWASAKI HEAVY INDUSTRIES	102	美多米尼	496	102
2003	加拿大 TORONTO – DOMINION BANK	108	西-伊-德	490	111
2004	美国 MASCO	124	美国星座	492	126
2005	美国耐克	138	苏-电力	484	142
2006	加拿大 BOMBARDIER	149	美国核电	484	157
2007	美国 FLUOR	167	美国核电	444	189
2008	日本 Mitsui OSK Lines	186	美国核电	489	189
2009	日本 Dai Nippon Printing	171	美国核电	491	173
2010	中国台湾 WISTRON	195	日本东北	488	200

数据来源：《财富》杂志"世界500强排行榜"

当然，中国电力企业在"世界500强"的上榜数量与名次，既不必刻意限制，也不必人为追求，毕竟，上榜不应成为目的，而只是中国经济社会发展水到渠成的自然结果，而让企业规模更加符合规模经济，让产业制度更加顺应客观规律，让市场竞争更加充分，让行业发展更有活力，才是永远值得求索与趋近的。

4.13.3.4 重组电网企业的基本操作

以现国家电网公司、南方电网公司及内蒙古电力集团公司为基础，组建4—6家区域性电网企业。

性质上，按照建立现代企业制度要求，组建区域电网有限责任公司或股份有限公司，做到产权明晰、权责明确、政企分开、管理科学，享有法人财产权，承担资产保值增值责任。

管理上，这些区域电网企业由国务院授权经营，分别在国家计划中实行单列，属于国家国有资产监管管理委员会直接管理的中央国有企业。

职能上，继承原电网企业在本区域的资产、人员与业务，负责区域内电网的建设与经营管理，保障电力供应，维护供需平衡；将原有特高压、超高压（前期）建设部门划转到国家电力规划及标准中心，积极配合全国联网有关工作。

机构方面，可根据合理的企业法人治理结构，将区域内的省级电力公司改组为分公司或子公司，负责经营当地相应的输配电业务。

财务经营方面，重组完成以后，允许区域电网企业通过资本市场上市融资，进一步实施股份制改造。

另外，在企业产权制度设立方面也可以研究下述行动可能：即采用多方交叉持股的模式推进电网公司产权发展。有了这样的结构基础，利于下一步进一步开放，吸收民间资本，成立、并购新兴企业，包容式增长，迎接新能源革命、智能能源网建设等新科技、新产业模式的挑战。

4.13.4　对称开放电力市场解放需方生产力

4.14.4.1　电力基本现状与改革必要性

电力市场建设一般包括市场主体塑造、竞争格局设计、平台机制建设、规则及其监管等，电力市场化改革的本质是在市场经济体系框架以内，按照市场经济运行的客观规律调整优化政府、企业及其他各相关主体的制度安排与相互关系，其外在形式上的重要标志则是形成竞争性的电力市场格局：一是打破独家办电封闭运营，吸引多元投资，企业自主经营；二是设立公开的电力市场、支撑多元竞争，同时对垄断的电网环节加强监管、规范竞争秩序——即所谓"管住中间，放开两边"，最终形成多买/多卖的交易格局。

（1）2002年之前在电力系统内部存在相对平衡的分配秩序，在电力系统内部，发电厂、供电局、调度所、超高压公司之间还均是相对独立、相对平等的主体，多家买电、多家用电的分配秩序是相对平衡的。

（2）2002 年改革以来形成严重失衡的独买/独卖交易格局。2002 年施行厂网分开的电力体制改革之后，电网企业仅保留了少量调峰调频电厂，后虽陆续发展少量新能源电厂，但在发电环节中的比例已经很小，再经电力监管机构的专项协调与监督，各同类发电厂之间的不平等竞争已经得到很大缓解。但与此同时，由于竞价上网、输配分开等后续改革停滞，形成了电网公司独家买电/独家卖电的新的不平衡的市场格局，反而出现了矛盾的恶化，统调电量几乎全部成为统购电量，在销售环节更是集最大零售者与唯一批发者于一身。一方面，不同发电企业之间的矛盾转化上升为发电与电网这不同产业环节之间的矛盾，电网企业借助调度交易机构在临时交易、跨省区交易、定价方式、电量分类、电费结算、调度考核等多方面对于发电企业进行不平等交易。另一方面，随着地方经济发展，大部分地方电力企业都出现了升压扩容外部购电的需求，但经过电网企业 10 年的扩张，截至 2012 年独立的地方电力企业仅剩不足 1/3，在市场竞争中彻底失去话语权。总之，由于改革的停滞电网公司独家买电/独家卖电的电力交易格局无疑是历史上最坏的，造成了中国电力产业格局严重失衡、纠纷矛盾不断，除了既得利益的电网企业各方无不怨声载道。

（3）不论发电侧还是用户侧，始终都具备开展多元竞争的基本条件。经过 10 年的改革，在发电环节，目前全国共有各类电力生产企业 2 万余家，其中 6000 千瓦以上将近 5000

家，虽然相互之间规模大小差距很大，不同机组在并网发电中存在不同技术经济特点，但完全具备自主进行市场交易的条件。而在用电及转供售电环节，虽然电网企业在转供售电环节的市场份额已经从 1/3 扩张到 2/3，但全国 3000 余家县级供电企业、400 余家地市级供电企业的基本格局并未根本改变。而且与发电环节长期独家办电不同，中国电力行业在转供售电环节长期以地方为主的，县级以下农村电力主要是从配合兴修水利、推进农村电气化发展而起步，依靠"农民出一点、集体出一点、国家（水利及电力部门）出一点"以贴费等地方投资为主，1998 年"两改一同价"农网改造的贷款主体也有大批地方电力企业。因此中国电力不论发电侧还是用户侧，始终都具备自主进行市场交易的条件，2002 年电力体制改革让发电企业独立经营的同时，却不允许其独立交易（直接售电给消费者及其代理商），无疑是最大的败笔，必须通过进一步深化改革加以解决。

与其他行业类似，发电厂生产电力、用户使用（消费）电力是电力行业最基本的流程。但由于电并不是有形的物体，只能在专用的载体（电力线路）中流动，电力运输逐渐成为一个独立的职能与产业环节。而随着经济社会以及电力技术的进步，从低压到高压、从分散到联网、从小网到大网逐步发展形成现代大电网，电力运输即输配电网环节反过来对电力生产者/使用者的购售交易活动产生巨大的影响，出现电网公平开放的要求。很多国家在电网扩展互联的同时，通过会员制、股份制等多种形式来组建专门的电网运营机构，或者对输电企业的业务、资产、价格等进行专门的界定与监管，以保障电网公平开放。在中国电力行业自 2002 年厂网分开之后，产业格局失衡，交易模式的弊端凸现：一是多元化的发电企业与高度集中、规模庞大的电网企业之间极度不平衡，产业上下游环节之间信息不畅、矛盾突出；二是电网企业不仅代理小散用户的转供业务，而且代理了绝大多数大型工商用户的购电事务，剥夺了用户与发电企业直接交易的自主选择权；三是电网企业既拥有几乎所有用户的购电代理权，同时独家运营输配电网，无法保证电网公平开放以及发电企业之间的平等交易。

总之，目前电网公司独家买电/独家卖电的电力交易格局，是一种严重失衡的产业制度安排。而且本身也是一种改革进程当中的阶段性现象，在已经完成厂网分开之后，毫无继续存在的价值。历史不容倒退，必须继续向前走，通过新一轮电力体制改革建立多买/多卖的电力交易格局顺理成章，具有充分的必要性与可行性。

4. 13. 4. 2　建立多买/多卖的电力交易格局的方案比选

目前发电环节已经形成多元竞争的市场格局，因此建立多买/多卖的电力交易格局，主要任务即通过对称性地放开购电侧，塑造多元购电主体。

电力既是生产资料，也是生活资料，电力消费者既有容量大、电压高、有特定电能质量要求的大型工商业用户，也有高度分散的普通居民户，由此形成电力消费的代理机制。因此目前中国电力市场中的购电主体主要有两类，一是大型工商业用户（变电容量大于等于315千伏安且接入电压等级高于等于10千伏），二是终端转供售电企业（代表普通居民及小散用户）。

图表33　中国电力用户结构（电量占比）

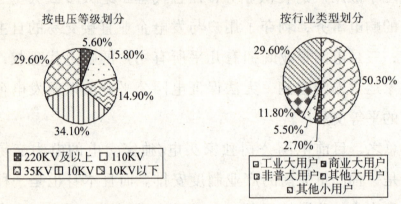

电压等级	220KV 及以上	110KV	35KV	10KV	10KV 以下
电量占比	5.6%	15.8%	14.9%	34.1%	29.6%
用户类型	工业大用户	商业大用户	非普大用户	其他大用户	其他小用户
电量占比	50.3%	2.7%	5.5%	11.8%	29.6%

数据来源：电监会

从中国电力消费结构看，以大用户为主的特点非常突出，具备开展大用户直接购电的优越条件。如上图表所示，在全国大约2.3亿电力用户中，大用户在数量上虽然只占1%左右（大约200万户），但在电力消费量上占比高达70%左右。如果这些电力消费者都能够直接从发电厂购买电力，则电网企业对于市场交易的不良影响就会被大幅减低。

不同消费者对于电力市场需求不同。对于数量巨大、电量微小、负荷密度稀疏、用电行为多样的普通居民来说，基本生活用电既是一种消费、也是一种权利，具有一定的需求刚性，并不适合通过直接参与市场竞争的方式来满足；而大型工商业用户数量虽少而用电量非常大，负荷高度集中且用电行为可控制可预测，同时对于价格与供求信号高度敏感，最适宜通过市场机制来实现资源优化配置，是电力市场中最核心的竞争主体，只有充分激发出它们的热情与活力，电力市场建设才能获得真正的生命力。

因此，在下一步深化电力体制改革中，可将大用户直接购电作为建立多买/多卖电力交易格局的突破口，使大型工商业用户成为电力市场最核心的竞争主体。

4.13.4.3 开放大用户直接购电的现实意义

开展大用户直购具有丰富的现实意义，获得了中央/地方各个层面的广泛认同。

一是对于国家宏观经济，可通过优化准入条件，鼓励能效更加先进的耗能企业发展，促进节能减排和结构调整；同时有利于吸引高耗能企业围绕电源发展，形成一次能源/二次能源/用能大户集群发展，减少运输损耗，优化产业布局。

二是对于电力行业自身，可通过市场机制，传导上游价格波动的风险，化解煤电矛盾；同时有利于打破电网企业独买独卖垄断格局，增进活力、提高效率。

三是对于大用户来说，通过参加直接购电，可以直接与电力生产者平等谈判，可以获得更多信息实现消费者知情权与选择权，可以更好地安排自身的电力（能源）保障策略，可以直接感受到上游市场的波动而自觉开展节能减排，这样，通过70%电量的直接交易，可以极大地解放电力系统的需方生产力，类似1980年代农村土地承包到户的历史变革。

尽管阻力强大、推进困难，电力大用户直购依然获得了中央/地方各个层面的广泛认同与重视。由大用户向发电厂直接购电，是《中国电力体制改革方案》[2002] 5号文件中明确提出的电改任务；在历年政府工作报告、年度深化经济体制改革重点工作安排中以及关于内蒙古、广西、河南、重庆、云南、贵州等地区经济社会发展的国务院文件中都多次提出开展用户直购；历年以来全国更有近20个省份向有关部门提出过开展大用户直接购电工作的要求。

4.13.4.4　开放大用户直接购电的基本操作

大用户直接购电是深化电力体制改革的重要一步，但面临的阻力与歪曲也非常严重，关键在决策！

一是虽然至今仍规模有限，但经过6年的试点，大用户直购电目前已经面临从个别试点向成批推广的突破。自2006年吉林碳素开展大用户直购试点至今，目前全国已有辽宁、吉林、安徽、福建、广东等5省开展了试点，但2011年全国大用户直接交易电量仅仅81.94亿千瓦时，只占全社会用电量的 1.7‰, 对于电力市场的影响微乎其微。但经过 6 年的试点, 大用户直接购电在操作层面并不存在实质上的难点, 在目前一例一审批的基础上完全可以进一步明确政策批量开放。

二是可以按电压等级和用电容量分批开放大用户直购电, 宜尽早制订发布有关规划给予市场明确信号。中国电力消费结构以大用户为主的特点非常突出, 理论上可以参加直接购电的大用户在户数上可达 200 万家, 在电量上每年更可达到 3—4 万亿千瓦时的规模。因此为稳定有序地培育市场, 应研究制订按电压等级和用电容量分批开放大用户直购电的规划, 例如先开放 220—110 千伏大用户 (电量占比大约 21%, 全国一共仅几千户), 再开放 35 千伏以及 10 千伏 (占比分别为大约 15% 以及 34%), 最终再实现全面开放。

三是以大用户直购电为突破口, 通过不断探索优化最终建立主体多元、客体多样、透明公开依规则独立运行的电力市场。电力交易具有分层交易、多边实现的经济技术特性, 具有经济层面与物理层面的双重性, 不可能也不应该停留于单一用户对单一电厂的原始形态。因此必须不断探索优化交易形式, 从最简单的一对一模式 (吉林碳素), 到一对多模式 (广东台山), 再到多对多模式 (福建), 下一步可从一些城市新区园区的局部试点, 向省或区域等更大范围推广, 最终从双边交易发展到多边交易的多买/多卖交易形式。

开放用户侧选择权, 是几乎所有国家电力市场化改革的基本内容, 日本等国更是以分批放开大用户为抓手, 逐步建立起更加开放的市场体系。但中国推进大用户直购电所面临的阻力与歪曲非常严重，有关部门不愿意放弃电价权力，以种种理由反对用户直购，包括强制叫停内蒙古双边交易市场等改革探索；与此同时，将以建立用户/电厂双边直接交易机制为核心的用户直购改革，歪曲为新的审批权，一例一审批，反而扩大了插手市场微观事务的权力，人为提高了用户进入电力市场的门槛与成本。

总之，在新的历史时期，开放大用户与发电企业进行双边交易，是深化电力体制改革的重要一步，而改革推进的成败，关键在决策。

4.13.4.5 建立多买/多卖格局的配套改革

继续推进以业务分类为核心的输配成本分解核算，通过输配电价独立使电网环节享有稳定的收益保障——这虽不是大用户直接购电的必要条件，但是未来多买/多卖电力市场良好运行的充分条件。

（1）进一步扩大大用户直购需要独立输配电价

进一步扩大大用户直购电，除了决策问题，还有一个无法回避的输配电价问题。2009年6月30日，国家电监会、国家发展改革委、国家能源局联合发布了《关于完善电力用户与发电企业直接交易试点工作有关问题的通知》，明确了在独立的输配电价体系尚未建立的情况下，大用户直购电交易中的输配电价"原则上按电网企业平均输配电价扣减电压等级差价后的标准执行，其中110千伏（66千伏）输配电价按照

10%的比例扣减，220 千伏（330 千伏）按照 20%的比例扣减"。

由此可见，开展大用户直购电需要分解核算输配电价，而目前我国依然缺乏独立的输配电价体系；虽然在此情况下亦有相关文件规定支撑，可以一定方法推算得一个"输配电价"用于交易，但如果随着改革的深化大用户直购电得以进一步扩大，在电力市场中占到较高比例，这种间接推算法势必无法满足交易各方的需要。

届时，电网企业将不满于大面积的"扣减"，而电力用户同样可能对于基于电网企业统计数据的上年"电网企业平均输配电价"产生质疑——目前我国并无独立的输配电价，电网企业购电/售电的价差即被默认为"输配电价"，在理论上，"计划电/市场煤"之间不可能形成真实合理的输配电价，而在实践中，正是这一潜规则引导着电网企业不断利用市场垄断优势地位去谋求越来越大的超额收益。因此，进一步扩大大用户直购电势必推动分解核算输配电价。

（2）以业务分类为核心分解核算输配成本

电网环节难以形成完全竞争，世界各国对于电网输配价格普遍实行不同形式的管制。电网环节价格形成机制的改革，至少存在于三个层面：

一是输配电业务与电网企业所承担的其他业务进行分类梳理，目前中国的电网企业不仅业务领域十分广泛，而且不同业务之间交叉补贴、关联交易非常复杂，如果不对这些业务进行分类梳理、将非电网业务成本记入输配电价，则根本不可能形成清晰可信的电网环节价格；

二是对不同电压等级即输电/配电等各类电网业务的成本进行分解核算，现代大电网系统具有分层分区的技术经济特性，在不同电压等级的电网上发电并网接入或终端供电服务的成本是不同的，通过分解核算成本有利于有效制订价格；

三是输配电价作为一个独立环节在终端电价构成中获得独立的地位，终端电价由发电价格与输配电价组成，相应地存在三种管制模式：

图表 34　终端电价形成之不同模式

	发电环节	输配电网环节	终端销售环节
现行模式	价格管制＋煤电联动	购销差价	严格管制
大用户模式	主要通过市场化定价，按合同分担市场波动	独立定价	放松管制，按合同分担市场波动
民用电模式	主要通过市场化定价，承担较多市场波动	独立定价	适度管制，承担较少市场波动

如上图表所示，现行模式，其实是最不利于电网企业持续稳定经营的，因为上游市场化国际化的一次能源价格早已失控，在此模式下电网企业与发电企业仅仅是零和游戏中的难兄难弟而已；而另外两种工商大用户模式及居民小用户模式，均通过输配电价独立使电网环节享有相对稳定的收益保障，上游市场波动的风险可更多地由发电及用电环节承担。

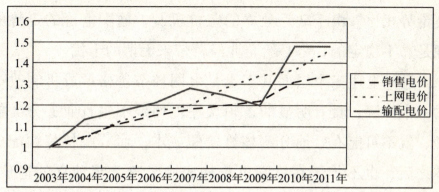

图表35　2003—2011 年中国电力各环节电价走势　　　　1 = 2003 年

单位：元/千瓦时

	销售电价	上网电价	输配电价
2003 年	0.435	0.272	0.126
2004 年	0.458	0.284	0.142
2005 年	0.485	0.304	0.147
2006 年	0.499	0.318	0.153
2007 年	0.514	0.327	0.161
2008 年	0.523	0.347	0.158
2009 年	0.531	0.365	0.151
2010 年	0.571	0.372	0.187
2011 年	0.583	0.397	0.187

说明：销售电价不含政府性基金与附加，上网电价统计范围为 5 大发电集团，输配电价含线损。

数据来源：电监会

　　另外如上图表所示，虽然在大部分年份，输配电价的上涨幅度优于上网电价，但在 2008—2009 年由于煤电联动政策执行中的人为拖延，而造成显著下跌；与上网电价的相对稳定走势相比，由于缺乏独立的定价机制，输配电价的走势的确是并不稳定的，势必给企业经营带来无谓的干扰。

显然上述三个层面其实也是电网环节价格形成机制改革的三个步骤，具有明显的逻辑次序：如果不进行业务分类梳理，就不可能有效地分解核算输配成本；而分解核算输配成本之后，也不等于在终端电价构成中立刻获得独立的地位。因此，作为新一轮电力体制改革的重要内容，分解核算输配成本必须以业务分类梳理为核心，必须首先对于电网企业的各项业务进行严格区分，对输配电业务的范畴进行明确界定。

（3）输配成本监管目标贵在"清晰透明"，而非绝对"低廉合理"

通过业务分类梳理、分解核算输配成本，虽然有利于电网环节价格更加清晰透明，但决不等于"科学合理"更不等于"廉价降价"。

一方面在技术层面，现代大电网普遍联系、快速响应，设备运行使用长达数十年，因此输配电网中的任何单一元件，其实都难以准确评估其全寿命周期的价值，是不可能精确定价的。2007、2008两年，有关部门都发布过《各省级电网销售电价和输配电价标准》，仅仅是上年价格的统计信息但依然没有坚持下来。

另一方面在经济层面，输配电网作为公用基础设施，其建设投资、安全运行、收费定价很大程度都属于公共事务，作为一类准公共产品更适合从公共财政层面算大账，在满足保障性的基础上实行适度激励，其成本往往并不以低廉为第一目标，其价格往往含有公共管理意图并不绝对依附于成本。

加强监管提高输配电网成本透明度的途径，一是技术措施，二是制度措施：

——技术上，近年来中国电网企业不断提高集约化管理水平，借助先进网络信息技术，人、财、物等各项管理不断集约化，逐步按照业务类型形成了规划、建设、运行、检修、营销等纵向业务体系，在一定程度上为业务分类梳理、分解核算输配成本提供了便利。

——制度上，在新一轮电改的路线图中，此前已经进行了优化电网企业规模的改革措施，将规模过大的电网企业进行拆分重组，形成若干规模适度的区域性电网企业，通过形成比较竞争的新机制使电网企业更加透明可比，从根本上为分解核算输配成本创造了条件。

4.13.5 非网络业务分开重构电力产业结构

4.13.5.1 电网业务/非电网业务分开的必要性

占70%消费量的大用户直接购电、生产力得到解放之后，中国电力市场格局已经发生较大变化，交易主体之间失衡的问题得到极大改善。在此阶段，电力领域主要问题转化为：

（1）电网企业定位仍然不够明确

经过前面一系列改革措施，电网企业已经剥离了调度

（角度）等公共职能，企业资产经营规模得到优化，但其业务与使命依然比较驳杂，一是为占大多数的大用户直购电交易提供输电服务，收取比较明确的费用；二是购买/销售大约25%的电量，赚取购/销差价；三是为全国大约2/3以上的面积与人口提供电力供应保障，依然为数亿人口提供电力普遍服务。与改革之前相比，电网企业的营利模式更加复杂，势必给企业经营与战略发展带来一定的困扰。

（2）地方供电企业依然经营困难

经过全面开放大用户直购电，地方供电企业的经济规模将更加弱小、成长空间将更加狭窄，在转供售电环节的市场份额将下降到不足10%。地方供电企业服务的面积与人口依然将近全国的1/3，但服务对象将以农村居民及小型企业为主，赢利空间非常有限而以承担地方社会责任为主。而与改革之前相比，地方供电企业基础薄弱、产权不清、管理粗放、融资困难、普遍服务政策不明、受到上级电网企业竞争倾轧等问题并没有得到改善，其经营与发展将更加困难。

（3）地方保电依然没有根本改善

电力既是生产资料，也是生活资料，通过前面全面开放大用户直购电，大型工商业用户获得了直接参与电力市场的机会，而广大普通居民户及小型企业的电力供应机制并未得到显著改善。2/3的地方电力供应仍然由中央企业承担，地方政府对于电力特别是电网事务的"用户心态"没有改变，虽然涉及本地区的经济发展与民生保障，但依然缺乏当地电力供应事务的主导权，对于电力市场交易、营销服务、定价收费都缺乏足够的影响力，无法更好地发挥积极性以及履行应尽的责任。如下图表所示，2011年全国大部分地区普遍面临电力紧张局面，供需难以平衡。

图表36　2011年中国各地电力供需平衡情况　　　　　　单位：万千瓦

	供需平衡情况	实际最大缺口	备　注
华东区域	缺		区域外电力支援
上海	缺	30	错峰避峰
江苏	缺	720	错峰避峰
浙江	缺	535	错峰避峰
安徽	缺	204	错峰避峰
福建	余	—	电力外送
华中区域	缺		
江西	缺	224	错峰避峰
河南	缺	399	错峰避峰
湖北	缺	223	错峰避峰
湖南	缺	613	错峰避峰
重庆	缺	183	错峰避峰
四川	缺	263	错峰避峰
南方区域	缺		经跨省调剂、错峰避峰，区域缺口600万千瓦
广东	缺	740	错峰避峰
广西	缺	408	错峰避峰

续表

	供需平衡情况	实际最大缺口	备　注
海南	平衡	—	
贵州	缺	127	错峰避峰
云南	缺	363	错峰避峰
华北区域	缺		
北京	平衡	—	外购电 594 亿千瓦时
天津	平衡	—	限电错峰 26 万千瓦
河北	缺	193	错峰避峰
山西	缺	440	错峰避峰
蒙西	余	—	发电能力富裕 680 万千瓦，电力外送
山东	缺	343	错峰避峰
西北区域	紧平衡		启动负荷控制，限电最高 507 万千瓦
陕、甘、宁、青、新	—		省区间调剂
东北区域	余		
辽、吉、黑、蒙东	—		发电能力富裕 600—1500 万千瓦，电力外送

数据来源：电监会

　　总之在前面几项改革任务完成之后，从电力行业本身看，通过对称开放 70% 大用户直接购电，已经基本实现了市场格局的平衡，行业运行状态得到改善；但电力的改革与发展应以服务于经济社会为根本目的，如果地方电力供应依然没有得到实质的改善，依然缺乏可持续的保障与发展机制，则有必要继续深化改革，努力建立权责对等的地方保电机制。

4.13.5.2 电网业务/非电网业务分开的方案比选

"输配分开"是［2002］5 号文件中提及的电力体制改革任务，多年以来，一方面，施行输配分开的呼声一直很高，并被誉为电力市场建设的关键步骤；但另一方面，在现实中，输配分开始终并没有进入正式的议事议程，即使是其核心支持者也始终没有拿出统一公认的操作方案。

（1）输电/配电没有绝对的、稳定的界面

实施输配分开政策的技术基础是清晰界定输电、配电的划分界面，但经过多年的研究讨论，对于庞大多样的中国电力系统至今都没有能够获得公认的输配划分原则。如果按照电压等级划分，表面上非常清晰，但 220KV 在一些发达地区早已属于配电线路，而在一些落后地区依然属于骨干网架，而且以电压等级划分必然形成同一变电设施分属不同企业，为后期资产管理埋下混乱的隐患。如果按照行政级别划分，表面上简单易行，但中国的行政区划与电网层区一样都是在同一块国土上垂直并行的，按行政级别划分必然会出现更多类似目前央地矛盾的恶性竞争，一方要扩容升级，一方要独揽大用户。

（2）输配分开不适应未来智能网络发展

输电、配电的涵义，早期来自于距离，远距离送电为输，近距离分流为配。而随着现代大电网互联规模与范围日益扩展、网络结构日益复杂，输电、配电的涵义逐步对应于网络潮流，结构复杂、潮流不确定的电磁环网为输，结构简单、潮流单一的放射支线为配——在经济上则对应着不同的商品属性、经营模式乃至定价管制的方式。而随着新能源、智能网等新技术新产业发展，现代大电网的末端，在技术上将面临更加多样的元件接入、更加多变的潮流走势，在经济上则将出现更加丰富的增值业务、更加复杂的消费互动，由此意味着，未来末端线路将承载更多网络性功能，传统的"配电"将逐步消失，输配分开后将逐步出现违背初衷的畸形竞争。

总之，改革不能为改而改、不能仅仅为了完成十年前的中央文件任务而改。如果说最初提出输配分开的改革目的主要为了形成多买/多卖的市场格局，那么相比之下大用户直购电显然更加清晰可行——而当占70%电力消费份额的大用户直购电先期实施之后，输配分开显然已经失去了最初的大部分意义。

而通过实行电网业务/非电网业务分开，按照业务性质划分中央电网企业与地方电力营销企业的营业范围，同时建立权责对等的地方保电机制，不仅比输配分开具有更强的可行性，而且可望获得保障民生、做实地方的综合价值，是对电力客观规律进一步研究总结之后对于传统"输配分开"的升华与完善。

4.13.5.3　电网业务/非电网业务分开的基本操作

所谓"电网业务"，指所有涉及输配电网物理属性的业务。例如电网的基本建设、运行维护、设备检修、技术改造等，也包括为大用户直购电交易提供的输电服务；某些为保持电网安全稳定而提供的辅助服务（例如抽水蓄能等），在辅助服务还没有形成完善的市场交易机制之前，可仍由电网企业管理，但其业务、资产、价格应单独管理与核算。

所谓"非电网业务"，指借助末端电网开展的所有增值业务。既包括传统的电力批发转供、购销收费、维修抢修等电力营销服务，随着智能网络与新能源技术、产业的发展，还将出现节能技术服务、新能源技术服务、智能网络信息服务以及末端能量收购转销等新的业务领域。

将电网企业的非电网业务与电网业务分开，一方面，整合各省的供电企业终端营销服务业务，组建省级电力购销服务公司。赋予其电网终端购销服务以及相应购/售电及收费权，特许专营全省范围的电网末端业务直至"最后一公里"。但省级电力购销服务公司并不直接运营电网资产，仅仅通过购销差价以及专业服务牟取收益。

另一方面，在各省电网范围内，对央企及地方电力的电网资产进行整合。地方电力企业不再直接运营电网资产，同时将中央电网企业改组为专营输配电等专业业务的新型企业，不再直接参与电力购销但拥有全部输配电网资产。而通过收取独立的输电费用获得更加稳定的收益模式，有利于专业输电企业专注于提高电网资产效益与服务质量。

总之实行电网业务/非电网业务分开之后，电网企业不再是电力市场的交易主体，将不再直接参与电力购销。但其所有业务将拥有独立的定价机制，输配电价格不再仅仅是上网电价与终端销售电价的差价，意味着企业获得了比改革之前更加稳定的收益模式。而其各项业务更加专业更加单纯，可更加专注于提升电网运营和安全保障水平，同时有关信息将更加公开透明，无疑也将引导服务质量的改进。而以业务数量与质量为主的定价模式，也将引导追求更佳的资产效益，电网盲目投资的问题将得到改善，体现出新的"制度激励"的效果。

4.13.5.4　鼓励各地各种形式的能源企业竞争发展

中国电力能源的管理与发展机制，不论是政府管制领域，还是大型央企环节，都普遍为自上而下的集权体制。这种体制不仅严重抑制了地方以及基层的积极性与创造性，而且限制了能源发展的灵活性与自主性，不适合在中国幅员辽阔、情况多样的国土上因地制宜地满足保障电力能源供给，最终也无法满足维护国家能源安全的需要，即所谓越管越死。如果考虑到未来智能能源网的建设，这种自上而下的集权体制，一方面无法适应新产业革命多元化本土化、双向多向互动、以及个性化分散合作等等接近消费者、微观民主决策的变革大趋势；另一方面更难以适应新科技变革快速突变、多元多样所形成的高度不确定性，无法合理有效分担决策风险，更无法承受对于技术与市场问题一旦决策失误所带来的巨大责任。因此提高中国电力能源安全保障能力、建设智能能源网，首先必须改变目前自上而下的集权体制，对地方进一步松绑，充分调动其积极性创造性与灵活性自主性，使各地方从被动的能源消费者与变革承受者，转变为技术与市场领域更加主动的创造者与主导者——以地方为主导保障电力能源安全、建设智能能源网，既可满足因地制宜的需求，又可分散决策风险，还可形成比较竞争的有效机制，是最符合新产业革命发展规律的路径。

如下图表所示，在最近两年"中国能源 500 强"企业中，央属国有企业虽然仅占上榜企业数量的 6%—7%，但营业收入总额占到了 2/3 左右，平均营业收入更是达到了民营企业、地方国有企业平均值得 30 倍左右，反映出高度集中高度集权的产业特征。

图表 37　2010—2011 年中国能源企业 500 强分布

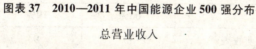

总营业收入

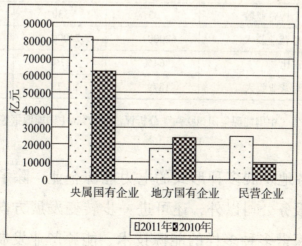

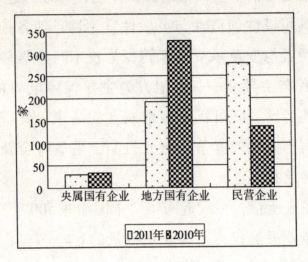

单位：家、亿元

	央属国有企业	地方国有企业	民营企业
2011 年上榜企业数	30	192	278
2011 年总营业收入	82000	18000	25000
占比	66%	19%	15%
企业平均营业收入	2733	94	90
2010 年上榜企业数	33	330	137
2010 年总营业收入	62000	24000	9000
占比	64%	27%	9%
企业平均营业收入	1879	73	66

数据来源：《"中国能源集团 500 强"分析评价报告》，中国能源报等

　　鼓励各地发展多种形式的电力能源企业，除了组建省级电力营销服务公司以外，还可进一步转变发展方向、拓展发展空间，探索多种多样的能源技术、能源产业发展形式，充

分调动和发挥地方政府在能源供应安全和节能减排工作上的积极性，使地方尤其是能源资源富集的西部地区获得更大的利益。例如，开放部分业务市场，放宽地方包括民营资本进入非常规气体能源勘探开发领域，用市场手段吸引国内外的多种经验、多种理论、多种技术、多种资金进入中国市场，提高技术能力，有效扩大产能。又如，放开部分审批权限，例如广东天然气需求量预计将从2010年的90亿立方米提高到2015年的430亿立方米及2020年的600亿立方米，放宽沿海省份油气进口权限制，是民生进步的需求且有利于沿海经济转型升级。再如，鼓励一次/二次能源纵向一体化发展，以深化现代企业制度改革为核心促进央企与地方的良好合作，形成火电与煤炭、电网与燃气的结合，不断提高基荷的持续保证水平与峰荷的灵活响应能力。另如，发展与新能源自然特性相匹配的当地用能项目，不断优化系统特性并增加可控性，通过就地化分散化的新生产方式探索便民富民的综合效益，例如风电制氢、淡化海水、风电供热及灌溉等。

与此同时，建立并完善地方电力能源供应机制，从根本上保障国家能源安全，在放权让利鼓励各地发展多种形式能源企业的同时，同样有必要进一步加强中央所属电力能源大型企业集团建设。类似1980年代所实施的农村经济体制改革，在向地方特别是基层放权让利，实施联产承包责任制，发展基层农村合作组织及乡镇企业的同时，大型国有农场及粮食流通储存企业同样发挥了必不可少无法替代的价值。因此深化电力体制改革，中央所属大型发电集团、电网企业的使命将更加重要，必将得到进一步加强。一是进一步提高生产供应能力，特别是在出现供需失衡或周期性紧张的时候，发挥好兜底性的电力能源保障作用；二是优化大能源基地建设，进一步提高大流域/大风域/大光域开发的系统效益，提高能源资源的开发利用效率；三是进一步加强油气管道、输配电网等基础网络建设，并通过无歧视开放起到电力能源发展公共平台的作用；四是在某些情况下按照国家部署适度逆向操作、影响价格、稳定市场供应，避免从一抓就死转变为一放就乱；五是做好执行国家各项政策、履行基本社会责任的表率，不断提高各项经营管理以及技术水平，为相关领域树立标杆参照。

4.13.6　下放地方定价权建立对等保障机制

实行电网业务/非电网业务分开之后，"非电网业务"将由专门的省级电力购销服务企业承担。与可进行直接零售的大用户相比，这种服务于小散用户的电力消费代理商不仅是一级电力批发商，更是一级代理服务商以及供电责任主体。因此必须从根本上实行新的体制机制，一方面使这种新型企业获得可持续的经营模式与发展空间，另一方面更要塑造权责对等的地方电力保障机制。

4.13.6.1　完善业务模式明确错位专营权、规模发展权、服务增值权

一是明确错位专营权。中央电网企业与地方供电企业长

期恶性竞争，近年来更是矛盾不断激化，山东魏桥、陕西地电等案例屡见不鲜。一个根本因素在于原有"营业区"制度不能适应电网的实际发展，县级地方供电企业需要扩容升压，省地级中央电网企业则试图独揽所有高压大用户。如前所述，按电压等级、按行政区划都难以绝对合理地持久地划分供电营业区，而实行电网业务/非电网业务分开，按照业务性质划分中央电网企业与地方电力营销企业的营业范围，在同一行政区划以内可从根本上同时保证双方的市场专营权与专业化企业定位，使双方都获得比较宽松的竞争环境。

二是明确规模发展权。长期以来地方电力企业发展困难的一个重要原因，是过度分散，管理粗放，经济规模过小，抵御市场风险的能力差。实行电网业务/非电网业务分开，应实行双向重组，中央电网企业与地方供电企业都应参与，前者将营销服务业务下放地方，而后者也应将电网资产上交，在此基础上及时整合市场，组建省级电力营销服务公司。这样可使新组建的省级电力营销服务公司从诞生伊始就拥有一定的规模基础，为进一步开展集约化管理打好基础。另外"省级"不一定绝对"省属"，通过股份制等现代企业制度建设，省级电力营销服务公司在未来还可谋求更大的发展空间。

三是明确服务增值权。"非电网业务"由专门的电力营销服务企业承担之后，这些企业虽然不拥有物理属性上的电网资产，但借助电网特别是未来智能电网、智能能源网所提供的营销渠道与市场空间，将获得更加广阔的创新发展前景。

而且，这些新型的电力营销服务企业完全可以突破目前规划红线与居民、物业公司、供电企业之间的产权乱局，通过本地化、零距离的服务最终解决电力商品与服务被长期困扰的"最后一公里"问题。

4.13.6.2 完善经营模式下放自主购电权、终端定价权、直接收费权

一是明确自主购电权。实行电网业务/非电网业务分开之后，承担"非电网业务"的省级电力营销服务公司，作为代表一省小散电力消费者的电力批发商，同时获得进入电力市场向发电厂直接购电的市场主体资格。与目前电网企业内部自上而下的计划分配相比，由独立的电力批发商自主购电，一是对于需求预测、报价竞价将更加认真负责，二是所有交易合约将受到法律保护并由中立的第三方实施，在制度上进一步提高了供电的保障性。

二是明确终端定价权。省级电力营销服务公司自主购电并通过购销差价获利，与目前电网企业相比、反而更加具备将终端电价定价权下放各省的条件——由于省级电力购销服务公司完全是本省资产、服务于本省消费者、承担本省电力供应责任，就从制度上实现了权责对等，它们在购电时既不会乱报高价、也不会坐视供应缺口，而在制订终端销售电价（上报当地政府）时同样既不会轻易降价损害自身效益、也不会无端抬价损害本地居民与小散企业的利益。

三是明确直接收费权。省级电力购销服务公司通过电力

零售直接收取电费，由于拥有全省电力消费的 30% 市场份额，并拥有财务上的充分自主权，不必像目前这样受制于上级电网企业，由此可以获得充沛的现金流量与财权，极大程度上改善地方供电企业融资困难的经营困境。

总之，通过业权/价权/费权等一系列权力的下放，让地方有利可图，可有效实现地方保电的权责对等，最终提高电力保障水平，实现电力基础服务均等化。1980 年代中国农村经济体制改革的核心，是土地要素领域的让利放权，取得了惊人的成效，粮食价格的放开反而彻底解决了中国人的吃饭问题。与此类似，未来智能能源网建设的核心，则是能源要素领域的让利放权，能源价格的放开可望有效应对中国的能源安全问题。

4.13.6.3　同步发布电力普遍服务标准及配套转移支付政策

建立权责对等的地方保电机制，地方政府及地方电力企业将获得主导地位，但最终的实施效果并非完全取决于地方，中央层面的支持与变革同样是必要条件。早在《电力体制改革方案》（国发［2002］5 号文件）中，就明确提出国家电力监管委员会"负责监督社会普遍服务政策的实施"，但 10 年过去，这个"社会普遍服务政策"却始终未能出台。而在未来新一轮深化电力体制改革中，为了做实基层、形成权责对等的地方电力（能源）保障机制，电力普遍服务标准及配套政策依然是一个关键因素。

一是电力普遍服务标准。完善地方电力（能源）保障机制的根本目的，在于保障民生权利、维护基本秩序，而任何资源都是有限的、任何福利都是有成本的，明确地方电力保障的基本要求——电力普遍服务标准，是地方电力（能源）保障机制顺利实施并持续发展的重要前提。由于电力普遍服务标准的长期缺失，一方面，全国至今仍有380万左右的无电人口散落在近半数省份，农村电网的电能质量与相关服务改进迟缓；同时另一方面，在近期阶梯电价的听证过程中，出现盲目抬高底阶电量、打破预算平衡的新问题。因此，研究出台符合国情的电力普遍服务标准，已经成为当务之急，更是开展监管的前提。

二是配套转移支付政策。使全体国民享有相对均等化的电力设施与服务，是施行电力普遍服务的基本目标。而城市/乡村、沿海/内地的二元发展是中国经济社会的重要特征，为实现电力普遍服务的目标，需要与事权相匹配的财权，转移支付成为必要的配套政策。中国的现行电价中，已经长期存在大量的交叉补贴，工商业用户补贴居民用户、传统能源补贴可再生能源、全国电力消费者补贴三峡工程等等。目前纳入财政保障机制的"基本公共服务体系"只有教育、医疗、社保、就业、住房、文化等6项，而能源、交通、信息等领域的基本公共服务同样急需纳入国家战略，与补贴低收入群体、扶持西部大开发等大政方针相衔接，研究出台电力普遍服务的配套转移支付政策。

三是通过完善电力普遍服务标准及配套政策为阶梯电价的持续运行提供支撑。

所谓阶梯电价，指按照消费数量分段定价，其中正向阶梯电价，即用得越多、价格越高。正向阶梯电价，一是要求高消费用户承担更高的价格，以弥补其高消费行为所带动的电力设施新增投资；二是保证低消费用户享有最基本的用电权利，避免额外的经济负担；三是帮助低消费用户同样享有工商业对于居民的交叉补贴，避免高消费用户独享政策福利；四是若阶梯级差足够大，还可对高消费用户产生节约用电、节能减排的政策引导作用。

阶梯电价并不是所有国家均采用的价格制度，但由于在人均收入较低时即出现贫富分化、在人均能源消费较低时即面临能源危机，阶梯电价在我国反而可能发挥出更大的政策价值——即通过电价结构调整，来实现不同消费群体之间的利益转移、"劫富济贫"。首先是增进社会公平公正、保障基本民生权利，其次才是资源节约与环境保护，因此其政治意义大于经济意义，社会公益价值大于企业经济价值，属于一种公共政策而非单纯的产业政策。

阶梯电价的"长治久安"依赖于各级电价的合理设置，除了高阶电价应足够高到让富人侧目以外，底阶电价电量则应在穷人基本需求与社会支付能力之间建立平衡。2011 年底，有关部门发布《关于居民生活用电试行阶梯电价指导意见》同时，统计测算覆盖 80% 居民家庭的一阶电量为 150 千瓦时/月，而到 2012 年中各省听证发布的最终方案汇总之后，全国平均一阶电量却达到了覆盖 90% 居民家庭的 190 千瓦时/月。这样的结果，不仅损害了供电企业利益，造成高消费用户更大的利益转移，关键是突破了原来既定的游戏规则，显示了超越民主边界的非理性，终将在现实中不利于阶梯电价政策的持续运行。

而尽早发布实施电力普遍服务标准及配套政策，恰好可以为消费者最基本用电权利提供明确而有力的政策支持。任何用户均能以合理价格获得之符合质量标准的电力普遍服务，其实正应是阶梯电价中的底阶电价电量。将底阶电价电量与电力普遍服务相关政策相衔接，既反映了电力系统技术经济特性，也可体现电力公用事业属性与电力企业社会责任，更可使阶梯电价的"长治久安"获得更加充分的政策支撑。

4.13.6.4 以下放终端定价权为重要突破口推动理顺中国电价

中国电价体系混乱，居民电价倒挂等问题难以解决乃至愈演愈烈的重要原因，在于相关的权责不对等。目前中央政府全面控制电价、并以中央所属电力企业为主负责电力供应，电价体系中工商业电价依据各项行业政策而形成差别定价，居民电价则以省级行政区来划分价区。这样每当电力建设或上游资源成本上升需要提高销售电价时，地方政府首先在主观上就存在压低电价的动力，既可保持区域竞争的成本优势，又可取悦老百姓减缓执政压力；而中央政府在电力行业与地方政府之间也容易选择倾斜后者，避免所谓电价上涨拉动物价水平的决策风险，特别是在居民电价领域更容易走向顺水人情的庸政懒政。这样一来，从一个侧面再次巩固了中国长期人为压低电价的总基调，为电价乱局的理顺增添阻碍，而这样的积弊沉疴早已不是运行调解环节的问题，需要更深层次的制度变革。

通过深化电力体制改革，特别是下放用电的终端定价权，建立权责对等的地方电力保障机制，将成为最终理顺中国电价的重要突破口。一方面，地方政府以及地方电力企业履行电力保障职责的能力获得空前的强化，电网业务/非电网业务分开之后省级电力购销服务企业获得了与中央所属电网企业相互错位的专营权，通过整合全省非电网业务可实现规模发展与增值服务的巨大空间，作为全省小散用户的批发代理者可进入电力市场自主购电，通过零售收费可获得充沛的现金流量；一方面，通过同步发布电力普遍服务标准及配套转移支付政策，地方政府保障地方电力供应的职责标准更加明确而可行；另一方面，地方政府有能力并且完全有意愿履行好销售电价的制订权，将终端电价定价权下放各省之后，地方政府既要满足本地居民与小散企业的用电需求并考虑其价格承受能力，同时也要维护本省电力购销服务公司的正常经营发展权益、同时受到电力市场公开竞价的制约——因此，在权责对等的新机制下，地方政府对于终端电价的调整将更加全面公允因地制宜并为公众所理解接受。

总之，从制度上实现权责对等，是合理制订终端电价并逐渐理顺中国电价体系的重要突破口——1980年代实施农村经济体制改革，向地方放开了粮食生产与定价的自主权，最终并没有造成价格失控或粮食短缺，通过市场机制反而较好解决了中国人的吃饭问题并基本适应了市场化的价格机制。在新的历史时期深化电力体制改革，向地方放权让利，下放用电的终端定价权，并逐步开放更多的市场领域，允许地方组建多种形式的能源企业，乃至最终建立"能源产销者"等新市场机制，有望取得可与1980年代农村经济体制改革相媲美的改革效益，一是通过更多主体进入电力能源领域而大幅度提高中国能源的开发、生产与供给能力，二是通过将价格决定权下放地方并形成权责对等的机制，使中国的电价更加清晰合理并为广大消费者所认可，三是通过将电力能源产业的重心放低并开放市场，激发更多人的积极性创造性，带动新技术新产业发展同时也提供新的致富途径，四是通过有效宣传、给老百姓一本明白账，让消费者在接受市场化的电力能源供应与价格新制度同时，自觉履行在节能减排理性消费方面的责任义务。

4.13.7　促进水电气热有机构成复合能源网

4.13.7.1　风电等可再生能源难以成为主力能源

　　中国水电资源世界第一，但相对于未来需求总量依然无法满足。风电是目前除水电以外最成熟的可大规模利用的可再生能源，但由于其难以预测、难以控制、低利用率、低能量密度等技术经济特性，目前在中国以及欧洲国家均遭遇到不同程度的系统安全制约与社会经济制约。如果没有更进一步的技术突破，可再生能源（水能、风能、太阳能）不可能成为中国的主力能源。

更进一步说，相对于中国的经济规模与能源消费规模，能够替代煤炭的主力难以追求，多元化是更加可行的发展策略。受到安全、技术、燃料等因素制约，核能不可能在中国能源结构中占有很高比重。减少环境压力，调整中国能源结构的方向，除了发展可再生能源、核能之外，对于化石能源的不断优化必不可少，而且更为现实有效——而其中，除了继续攻克煤炭清洁燃烧课题之外，大力发展气体能源就成为在可以预见的历史阶段最有价值的战略措施——不论可再生能源还是核能在中国都无法完全替代煤碳，因此中国能源结构调整只能通过多元化来促进清洁化乃至低碳化。

4.13.7.2 大力促进燃气网络化发展

在美国，2011 年页岩气产量已达 1751 亿立米，占到天然气总量的 27%，不仅使天然气成为美国第一大能源，使美国成为世界第一大天然气生产国，而且页岩气的价格比 2008 年下降了 85%，成本下降了大约 45%，目前美国页岩气钻井费用只有中国的 1/4，对于美国能源独立、制造业回潮，对于世界产业分工甚至政治军事格局都产生了深远影响。显然，美国"页岩气革命"是另一条更加值得借鉴的发展道路，BP 等国际能源机构也大胆前瞻：人类将在 2020—2030 年进入以天然气为主的气体能源时代。

而在中国，虽然以风电、光伏为代表的可再生新能源还将继续延续一定的发展势头，但其注定难以在能源系统中成为支撑性的主力能源。若能借鉴美国"页岩气革命"的模式发展气体能源，可以充分利用中国可观的非常规气体资源，有利于加强中国能源的独立性。"十五"以来，气体能源已经成为中国增长最快的能源品种，但目前消费规模依然只有美国的 1/8 左右。但第三次油气资源评价及相关研究表明，中国的非常规天然气可采资源量 35—43 万亿立米，超过了常规天然气（22 万亿立米）；陆域页岩气可采资源潜力 25 万亿立米（不含青藏高原），资源规模不低于美国；中国是世界第一煤炭产销大国，一方面煤层气开发利用不仅蕴涵巨大经济价值而且具有安全环保的社会价值，另一方面煤炭的气化不仅可提高能效减少排放而且具有新型储能运能效益。

而且，大力促进气体能源输配网络建设并通过与电网智能结合，可获得多种综合效益。中国的非常规气体能源并不匮乏，完全可在国家能源体系中占据更加重要的位置。如果"十二五"末期，全国气体能源消费量达到 3000 亿以上立方米，占全国一次能源消费比重从目前的 4% 提高到 10% 左右，燃气发电机组占到全国发电装机的 5%，将对我国的能源体系产生革命性的良性影响：

一是可极大程度缓解电网系统调峰以及燃气系统储气的

双重难题，进一步保障系统安全；二是发挥快速响应的技术特性，可进一步改善风能太阳能等清洁可再生能源并网发电的困境；三是因其比（固体）煤炭更佳的燃烧效率与排放水平，可大幅改善城镇居民的用能质量与环境质量，并为进一步构建多种能源联产联调的智能能源网创造条件；四是电力燃气拥有共同的服务对象，可以共用土地资源并在很多方面调剂互补，目前不论美国、日韩还是欧洲，电力＋燃气的业务组合几乎成为一种共同的选择。

图表38　世界大型电力（能源）企业混业经营情况

企业名称	主要业务领域
EDF，法国电力集团	电力；燃气；能源相关服务；能源贸易；热力供应
GDF，法国燃气苏伊士集团	燃气；水务；电力；能源服务＋环境服务；碳交易
法国阿海珐（核电）集团	核电，输配电
英国森特理克集团	发电；燃气；能源相关服务；金融；电信
苏格兰和南方能源公司	电力；燃气；能源相关服务；电信；工程
英国国家电力供应公司	电力；燃气
苏格兰电力公司	电力；燃气
德国意昂集团	电力；燃气；能源相关服务；贸易、运输
德国莱茵集团	电力；燃气；环境服务；矿业、石化、电信、工程
德国巴登－符腾堡州能源公司	电力；燃气；能源服务＋环境服务
西班牙恩德萨国家电力公司	电力；煤炭
西班牙伊维尔德罗拉公司	电力；燃气
葡萄牙能源公司	电力；燃气
Enel，意大利国家电力公司	电力；燃气；能源相关服务
瑞典大瀑布能源集团	电力；热力；煤矿；能源交易

续表

企业名称	主要业务领域
日本东京电力公司	电力；燃气交易；能源、环境；设备；房地产；通信；运输
日本关西电力公司	电力；能源服务、环境服务；通信、商贸
日本中部电力公司	电力；信息；教育
韩国电力公司	
美国星座（联合）能源集团	电力；燃气；能源相关服务；煤炭；物流
美国爱克斯龙（核电）公司	电力；燃气
美国佛罗里达电力照明公司	电力；新能源
美国多米尼（道明尼）公司	电力；燃气；石油；电信
美国太平洋电力燃气集团	电力；燃气
美国电力公司	电力；环境服务
美国爱迪生国际公司	电力；金融；电建
美国俄州 – 宾州第一能源公司	电力；燃气；能源服务
美国大众服务集团	电力；公共服务
美国杜克能源公司	电力；燃气

4.13.7.3 统筹解决供水与能源问题

城镇水网，是与电力、燃气相类似的城镇基础网络与重要的公用系统。

中国水网的未来发展趋势，一是随着天然淡水资源的日益枯竭，依靠地下水、地表径流、包括地区之间调水等传统方式进行资源配置日益困难与昂贵，供水问题的最终解决迟早要走向工厂化生产、商品化经营的模式，与此同时也意味着水产品也将成为更加典型的载能产品，大规模海水淡化可望与海上风电等形成关联产业。二是随着水产品的工厂化生产、商品化经营，以及城镇供水的网络规模不断扩展，水网对于自动化、信息化、智能化的内在需求将不断增加，水从生产、贮存、运输、使用到回收处理、安全监测的整个产业链将更加丰富、更加复杂同时更加紧凑、更加协调。三是随着水网的自动化、信息化、智能化水平不断提高，最终将具备与电网、气网以及供热制冷等产业联供联调的条件，从单一网络发展到复合网络，共同构成未来智能能源网的主体。

4.13.7.4　引导水电气热复合能源网建设

新产业革命语境下的"新能源技术"，不再仅指能源新品种而将扩展到更多的载能体，不再仅指能源开采与加工技术，而将扩展到能源的转换技术、贮存技术、控制技术、交易与管理技术等。因此，通过发展气体能源，提高城镇水网现代化水平，逐步实现分散能源/多联产/联合调度，最终从各自分裂的单一网络有机形成水、电、气、热复合能源网，应是推进智能能源网建设的政策要点。而在下放权限开放市场的同时，也应加强宏观政策引导与市场监管，形成更加清晰高效的中央/地方关系，例如非常规气体能源的开发，如果开放多元市场主体进入，再难依靠企业自律，安全、环保、管道网络公平开放都必须专门的监管。

图表 39　水/电/气/热组合业务典型企业　　　　　　单位：亿人民币

电力＋燃气		电力＋水务		电＋气＋水		电力＋供热	
企业	营收	企业	营收	企业	营收	企业	营收
浙能集团	470	广西水利	62	新奥股份	260	申能集团	253
粤电集团	430	河北建投	54	佛山公用	35	广州恒运	30
江苏国信	398	涪陵水利	54	乐山股份	18	青岛泰能	29
津能投资	151	武汉凯迪	34	郴电国际	17	吉电股份	25
深能集团	131	广西桂东	20	明星股份	8	新疆天富	19
湖北能源	113			广安爱众	8	深圳南山	16
广州发展	100					沈阳金山	14
安徽能源	86					青岛热电	13
山西国电	50					宁波热电	9
青岛泰能	29					大连热电	7

数据来源：《中国能源报》中国能源集团 500 强排行榜（2010 年）及相关企业网站。

　　如上图表所示，目前中国地方能源企业已经具备了比较丰富的组织形式与业务形态，具有推进水、电、气、热复合能源网发展的基础。只是目前中国企业"电力＋燃气"、"电力＋水务"、"电力＋燃气＋水务"、"电力＋供热"等组合，更多还仅是资产层面的业务组合，真正实现水/电/气/热的联产、联调、联控，获得网络智能整合的系统性效益，还有待进一步的技术进步及相关政策推进。

4.13.8 以城市为结点建设生态化能源体系

4.13.8.1 提高中国城市化的智能水平

如果说，鼓励各地方发展多种形式的能源企业主要针对管制问题，以新能源技术为核心建设智能能源网主要为抑制投资冲动，促进水、电、气、热等有机形成复合能源网主要为解决行业割据，那么，以城市为结点广泛试点生态化的智能能源网，则主要为了适应中国城市化发展这一重要背景。

在过去的 30 年中，中国刚完成一半的城市化进程已经产生了大约 5 亿城市人口、建造了超过 500 亿平米房屋、新增了上亿辆机动车，但与此同时，环境污染、交通堵塞、能源紧张、用水困难、基础设施与公共服务不足或不均等现代城市病也接踵而至，中国现代化城市化的发展进程面临增长极限与幸福指数的双重拷问。

十七届五中全会通过的《关于制定国民经济和社会发展第十二个五年规划的建议》，明确提出了"推进大中小城市交通、通信、供电、供排水等基础设施一体化建设和网络化发展"，这实际上勾勒出了通过智能能源网建设促进与优化中国城市化发展的线路图。

目前国内已有 100 多个城市把"智能城市""智慧城市"等有关内容，写入政府工作报告或进入规划环节，并在不同地区开展了多种类型的广泛试点与试验示范。

4.13.8.2　建设高效的城市能源体系

现代城市，是人群的聚集、财富的汇聚、信息的焦点、能量的重心，更是制度创新的中心。以城市为结点广泛试点生态化的智能能源网，一是通过信息网络技术把燃气机组、冰蓄冷、地源热泵、分布式太阳能等联系起来，使水、电、气、热、冷互调互济互相转换与交易，形成与大电网交互的分布式能源体系。

二是利用系统集成的终端能源管理，充分发挥建筑、交通、工业设施等终端内部的智能功能，实现更加高效的能源管理与多网融合服务，使建筑、交通、工业设施等终端系统从能源的消费体系进一步提升为能源的储备系统、简单的生产体系和参与能源市场的交易者，最终形成体现未来生态文明的智能能源网。

4.13.8.3　以城市为结点推进生态能源体系建设

以城市为结点推进生态能源体系建设，更重要的是建立以城市为核心的智能能源网建设机制，进一步向地方向城市放权让利、制度创新，广泛试点以城市为中心的复杂型生态网络发展模式，开放电力、油气产业的末端市场，建立以用户为核心的电力需求网络，支持设立电力能源合作社，试点建立地方性综合能源监管机制，让城市作为能源基础设施的建设与管理主体获得直接的利益驱动。

目前中国城市的智能能源网建设，已经具有较好的产业基础。一类如广东佛山、四川乐山等中小城市，目前已经具备集电力、燃气、水务组合业务于一身的地方电力企业（佛山市公用事业控股公司、乐山电力股份公司）；一类如北京、上海、广州、深圳等大城市目前都有不止一家实力非常强大的公用事业地方企业，一旦进行有效的重组整合与市场运做，将具有非常强的执行能力与市场影响力。因此，以城市为结点广泛试点生态化智能能源网，关键还是在统筹规划与智能政策，以及通过深化改革来实现制度创新。

图表40　中国主要城市公用事业公司　　　　　　单位：亿人民币

	公司	营业额	业务
北京	北京能源投资集团	171	电力（1164万）；热力供暖；节能
	北京市燃气集团	121	天然气
	北京京煤集团有限公司	117	煤炭
	北京市自来水集团	30	供水、污水处理
	北京市排水集团	10	排水、污水处理；沼气发电、污水源热泵
上海	上海绿地能源集团	263	石油；煤炭
	申能（集团）有限公司	253	电力能源（627万）；燃气；交通；投资
	上海爱使股份公司	19	燃气；煤炭；清洁能源
	上海汇通能源股份	15	新能源（风电）
	各片区自来水公司	—	市南、市北、闵行、浦东各片区供水
	上海市城市排水公司	—	排水、污水处理
天津	天津市津能投资公司	151	电力（544万）；供热；油气；新能源
	天津市燃气集团	48	天然气；供热
	天津滨海能源发展公司	7	电力，热力，装备
	天津市热力公司	—	热力供应
	天津市自来水集团公司	—	供水

续表

	公司	营业额	业务
广州	广州发展集团有限公司	100	电力（247万）；燃气；新能源；煤炭
	广州大优煤炭销售公司	51	煤炭
	广州恒运企业集团公司	30	电力（117万）；热力
	广州市水务投资集团	—	供水；污水处理
深圳	深圳能源集团股份公司	131	电力（544万），新能源，燃气
	深圳市燃气集团股份	66	燃气
	深圳南山热电股份公司	16	供电；供热
	深圳市广聚能源股份	14	石油；燃气；电力；物流
	深圳市水务集团公司	—	供水；污水处理

资料来源：有关报道及企业网站。

4.13.9　建设智能能源网抢占产业革命高点

4.13.9.1　智能能源网发展是未来最大经济增长点

近年来，智能电网、新能源等新技术、新产业发展受到世界各国的高度重视，普遍认为这一轮能源与信息技术进步与产业升级将引发重大的经济转型乃至社会变革，甚至可能上升到世界范围"新产业革命"的高度。

所谓"工业革命"通常指能源、信息等基础技术领域的重大突破，使生产方式、交通方式等领域产生深刻的变革，进而对整个经济社会带来根本性的影响。目前所提出的新产业革命，一方面延续了前两次工业革命的轨迹，但也出现了很多根本性的反动，一切迹象均预示着，新产业革命将是一次更加深刻而不同凡响的变革。

严格说来，目前为止当今世界还仅仅处于新产业革命的前夕，对于它的认识还将有一个动态的过程，其对全球技术要素和市场要素配置方式所带来的革命性影响还需要相当时间的发酵。但此时此刻，中国已经无法继续沉睡，未来新产业革命可能带来的复杂的机遇与挑战，迫使中国必须提前启动去抢占历史变迁的制高点。

一方面，如果没有抓住本次机遇，中国可能蒙受巨大的损失。一是数字化制造的新兴生产方式，可能使中国劳动力低成本的竞争优势提前结束，使简单来料加工、成品组装等中国目前占有优势的产业领域受到极大压缩。二是就地化、个性化的新兴生产方式，将使中国大规模进口/出口的经济结构受到冲击，现有的巨大产能与经济规模可能反而成为转型升级的包袱。三是分散合作式的新兴生产方式，将凸现中国在设计创意、知识产权、软件服务、品牌信用等非物质要素方面的短板，更将暴露在市场管制、行政审批、政府干预、法制环境、垄断割据等制度层面的积弊与弱点。

另一方面，面对本次重大历史变迁，中国在很多方面已比以往拥有更良好的条件与环境。一是庞大的市场，新产业革命初步显露的特征，不论是本土化、就地化，还是信息交互、低碳出行，本质上都更加接近消费者，因此中国庞大的市场注定不会被冷落。二是同步的信息，目前中国作为世界第二大经济体、第一大贸易大国已经深深溶入了世界经济体系，远非第一、第二次工业革命时闭关锁国、落后挨打之时可比，这一次中国是与世界站在同一起跑线上的。三是扩张的冲动，中国现阶段已经积累了巨大的生产能力与投资能力，具有经济扩张的强烈需求，而作为走向世界的新兴力量需要找到自己的空间与位置，必将更加关注新市场新需求，与新技术新产业相结合。

图表 41　人类历史上的三次产业革命

年代	能源技术	信息技术	生产方式	交通方式	
第一次工业革命	18 世纪晚期（英国开始）	大宗交易能源（煤炭）	流通性有形载体（报纸、杂志）	工厂机器代替手工制作（珍妮纺织机）	蒸汽机（铁路、轮船）
第二次工业革命	20 世纪早期（德国、美国开始）	高热值能源（石油）	无形的流通载体（电话、收音机、电视）	大规模自动化流水线（福特汽车流水线）	内燃机（汽车、飞机）
新产业革命	21 世纪（美国等多国开始）	多元化、本土化的分布式能源（可再生能源、非常规气体能源等）	交互式流通的信息载体（互联网）	数字化、个性化、就地化、分散合作式生产（机器人、3D 打印等）	低碳出行（公共交通、住宅办公）

2008 年全球金融危机以来，美国等世界主要国家纷纷以大力推进新技术新产业发展作为刺激经济、产业升级的重要策略。其中美国出现了页岩气革命，不仅推进了能源独立，

而且引发了制造业回潮，已经或即将对中国的相关领域产生重大影响。所幸到目前为止，面对新产业革命的机遇与挑战，在风电、光伏、智能电网等领域，中国与世界各国依然站在同一起跑线上，中国从政府到企业、从中央到地方对于抢占此次产业变革高点，均给予高度重视并取得了初步进展。

总之，将能源与信息两大领域有机结合的智能能源网建设，无疑将是"新产业革命"的核心与标志，也是未来最大的经济增长点。

4.13.9.2 解决中国特色问题推动智能电网建设

面对新产业革命，中国与世界站在同一起跑线上，但必须指出，目前中国已经出现某些具有中国特色的问题与困难。

一是政绩意识过于强烈。新产业革命的一个特色，即各国政府的高度关注与主动介入，从美国、日本到欧洲莫不如此。但与其他国家相比，中国各级政府包括国有企业由于短期政绩意识过强，投资冲动强烈。例如在美国投资规模高达1900亿美元的《清洁能源和安全法》中，直接用于智能电网的不足100亿，几乎全部属于用电侧管理范畴，主要形式为补贴技术开发与试点示范，并要求配套的私人投资不低于50%。而中国在依然缺乏成熟技术的情况下，为了凸显政绩而出现强烈的投资冲动，不仅电网企业提出高达数万亿的智能电网大规模建设投资计划，对于风电、光伏生产环节的直接补贴也不断加码，社会负担逐步累积。但这种方式培育出的新产业，不仅技术含量不高无法真正提高自主创新能力，使中国的大量补贴实际上最终转移给了美国、欧洲的新能源技术公司，而且随着产能与出口增加，与其他国家的贸易摩擦不断加剧，政府补贴反而成为被外界攻击的口实。总之，政绩意识与投资冲动背后，是权力傲慢的惯性与对新技术新产业发展风险的集体无意识。

二是行业壁垒引发矛盾。能源是关系国计民生的基础产业与重要的公用事业，中国普遍实行国有企业特许经营的方式以加强控制、保障与稳定供给，但近年来这种模式日益暴露出行业壁垒、垄断加剧、阻碍科技进步等弊端，尤其与新产业革命跨行业甚至超国界技术创新与产业升级的需求相背离，已经成为中国相关产业矛盾的焦点。例如，中国页岩气近80%的有利区块与三大油气巨头已经登记矿权的常规油气区块相重叠，在这些区块以外，勘探开发的条件与成功率普遍较差，缺乏市场吸引力；而在这些区块以内，却始终存在"重油轻气""占而不勘"、资金投入不到位等问题，无法适应页岩气开发高投入高风险多元化市场化的需求。又如，作为发展智能能源网络的重要平台，围绕中国电网的市场卡位之战近年来已全面开花——在综合网络领域，电网企业希望将电信、广电、互联网等"三网融合"升级为"四网融合"，至今未入门径；在智能电表、数字化变电站以及电力通信、调度、安稳等电网专用设备领域，电网企业利用入网标准等手段强力进入上游装置产业，激起强烈反响；而在电动汽车领域，电网企业与油气零售、电池、整车等上下游产业巨头同时争夺话语权，战局胶着纷乱。

三是管制能力急待加强。在政府与市场之间，普遍认为目前中国仍处于计划经济向市场经济过渡阶段，也有观点认为已经形成比较"恶"的市场经济（权贵资本主义），而不同判断的相同点则是公权力对于市场的干预程度依然十分强大。而在中央与地方之间，过分强调从上到下的强制干涉，以风电为例，有关部门过度纠结于具体的项目审批与微观的企业经营，严重剥夺地方自主发展的权利空间与政策资源，而区域开发总量控制、并网技术标准的准入门槛、电量及补贴成本的分摊与协调等等本应从宏观上加以把握的份内之事却缺乏应有的重视、有效的对策、起码的责任感。新产业革命是一场深刻的变革，其改变的领域必将从技术与产业、经济与社会发展到政府政策等公共领域，即所谓"智能电网首先需要智能政策"，包括在新技术新产业的研发、建设、运行等不同阶段的针对性管制能力，包括跨部门、跨行业、跨地区的整体协调能力与总体战略能力，还包括正确处理中国特色与普遍规律的能力，以及针对政府部门与相关公共机构自身的深化改革、制度创新、自我完善能力，相比科技界与产业界，目前中国应对新产业革命最滞后最薄弱的环节恰是管制能力的不足。

4.13.9.3 通过深化电力体制改革塑造新经济增长点

建设智能能源网，是新的历史时期最大的新经济增长点；而深化电力体制改革，则是智能能源网建设的必要条件与重要动力——由此，深化电力体制改革被寄予了促进形成新的经济增长点的重大意义。

（1）发挥地方积极性打破央企行业壁垒

国有企业是一种公共治理工具，中央/地方是一种客观分工，国有/私有资产的进入退出、分级分层的放权收权都具有一定的周期平衡规律。

中国电力行业在企业经营权方面，一是以分级管理为主；二是政企分开、企业经营的规模逐步扩展；三是全国性电力公司均具有中央集权、简化层级的动向，1990年代的国家电力公司、当下的国家电网公司概莫能外。不独电力行业，过去的10年，可以说是中央企业大举扩张的10年，虽然表面上企业数量有所压缩、产业阵线有所收缩，但绝大多数都进一步巩固了对于所在行业排他性基础资源、产业链关键环节以及最核心市场的控制与垄断。

而如前所述，随着新产业革命，能源产业运行机制，将从机械的工业管理传统模式，转变为具有信息化、跨行业融合、放松管理等特征的生态管理模式；能源发展方式，将从集中走向分散，从行政化走向市场化，从自上而下转变为上下互动。而对于这些新趋势新要求，垂直一体化的大型央企显然难以适应，庞大的既得利益更使其不断巩固市场特殊地位，日益成为产业融合、技术创新的障碍。以规模庞大的电网企业为例，一方面在"四网融合"、电动汽车等领域与各路垄断势力艰难混战，另一方面则在自己的特许地盘上对相关装置产业大肆侵蚀，以入网标准等名义清洗市场谋取利益，十年来已经成为这一市场领域中最强势的既得利益集团。

发挥地方积极性打破央企行业壁垒，是通过深化电力体制改革促进形成新的经济增长点的一个要点，一是通过调度（交易）独立可以剥夺电网企业利用公权力谋取利益的机会；二是通过拆分重组可以削弱其市场影响力、增加透明度；三是通过建立多买/多卖的新交易格局可以理顺其业务结构与价格机制、方便监管；四是通过组建省级电力营销服务公司、鼓励各地方发展多种形式能源企业，更将进一步提高与强化地方对于智能能源网建设的话语权。

当然，打破央企在电力、油气等领域的垄断壁垒，并不是一味地分拆缩水打压央企。在破除行业壁垒，抑制垄断行为的同时，大型央企同样也是建设智能能源网的重要力量，在完善现代企业制度、平等合作的基础上，存在合理扩大业务范围的机会。

（2）通过分散决策来分散风险鼓励创新

建设智能能源网是新的历史时期最大的新经济增长点，其巨大经济效益的来源则是技术进步与制度创新。新产业革命，源自能源、信息等基础技术领域的重大突破，但如前所述，其创新与突破的方向出现了对前两次工业革命技术与产业升级方式的根本性反动，例如多元化、本土化的分布式能源，双向乃至多向的信息流通，数字化、个性化、就地化、分散合作式的生产方式，以及公共交通、住宅办公等低碳出行模式……因此，新产业革命对于所有人来说都是高收益与高风险并存的，需要从单一集权制，转变为分级管理，进而实现多样化与复杂化。

一是传统的集中决策方式，无法适应新的决策需求，不仅响应速度缓慢而无法适应复杂多变的技术与市场发展，而且只能代表个别生产者而不可能满足广大多元化、本土化、个性化、就地化的需求，因此传统的集中决策方式必须要转变为基层分散决策与供/需互动决策的新模式，否则不但难以实现创新与引领，连基本的跟随与生存都将出现困难。

二是传统的集中决策方式，无法承受决策失误的巨大责任，随着智能能源网网络化的扩展、信息的快速广泛多向流通，一些领域将逐步呈现赢者通吃、败者出局的 IT 领域竞争模式，类似爱立信、摩托罗拉在智能手机领域被逐步淘汰，中国电力发展史上煤机改油机/油机改煤机的案例如果在未来重演，后果将不可同日而语，对于电力这样庞大的基础网络与公用事业，这样的失误必将超越企业内部事务而上升为公共事件。

三是传统的集中决策方式，将呈现双向的发展方向，一个方向是从大型垄断企业转向分散决策的各类小企业，而前者将从直接决策者逐步转型为选择者；一个方向是从分散决策的各类小企业转向政府公共决策，由后者将前者的成功案例通过技术标准、准入标准等形式赋予公权力——不论那种方向，都在市场垄断巨头与政府权威的夹缝中为各类小企业的分散决策树立了高收益的旗帜，使其所承担的高风险在概率论层面获得了补偿。

历史上的工业革命，往往源自能源、信息技术的重大突破，而新产业革命，新能源产业对于网络化信息化智能化提出了更高要求，同时以互联网为标志的信息技术也发展到了较高阶段，由此形成两大产业的密切结合，以至智能能源网的决策模式也从传统的能源产业决策模式，转而带有更多的IT信息产业决策机制的特点，这不仅是分散风险的需要，也是持续创新的必须。

电力领域的智能化发展是智能能源网建设的典型与领军，也将逐步出现上述大企业—小企业—政府不同角色共同参与的新型决策模式——分散、分级、多样化、复杂化，因此通过分散决策来分散风险鼓励创新，也应成为通过深化电力体制改革促进形成新的经济增长点的一个方向。通过拆分规模过大的电网企业，通过组建省级电力营销服务公司、鼓励各地方发展多种形式能源企业，无疑都将增加分散决策自主创新的活力；而将电力行业内的公共职能从企业中独立出来，则通过强化专业支撑体系来提高中央层面的决策力与管制力。

（3）提高自主性继续发挥比较竞争效益

中国幅员辽阔、国情复杂多样，普适性与针对性是永恒的矛盾。区域间比较竞争理论是政府管制经济学的一个重要内容，它为政府管制者促进地区性垄断经营企业间的竞争，刺激经济效率提供了理论依据。而在实践中，比较竞争机制是中国改革开放以来诸多政策措施及相应成就的重要基石，不仅在经济社会领域有效促进了地区发展，进而带动了全国形势；在企业层面，以电力行业为例，2002年厂网分开之后，资产、业务、企业使命高度同质化的大型发电集团，在比较竞争的制度激励下，在提高生产效率、快速规模发展、改进技术经济指标、内部挖潜增效等方面取得了巨大进步，特别是与依然缺乏比较竞争机制的垄断环节相比，在优化投入产出、控制工程造价、提高劳动生产率等方面更是取得了突出的优势。

比较竞争机制，同样并且更加适合于新产业革命。一方面，新产业革命的重要特点就是重心在基层，技术突破与产业升级都指向本土化、就地化、分散化，一定数量（而非巨无霸或大一统）自主经营而又至少在初始阶段具有一定同质性的地方企业成为重要的市场角色，形成了比较竞争的基础，例如国家能源局已公开明确现阶段中国智能电网发展以微网系统、电动车充电、电力系统储能等配电和用电环节为主。但另一方面，新产业革命的核心是能源产业与信息产业的革命，因此具有双重特性，既有信息产业垄断性竞争的特性，即在每一个IT细分市场，垄断都是竞争的核心动力与最终归宿；但同时也具有能源产业竞争性垄断的特性，即对于一定数量的特许经营的局部垄断者，都可以通过有效的管制形成一定程度的比较竞争机制——即使在市场角色众多、技术与产业变动频繁的智能能源网体系中，依然存在大量规模可观的公共环节，例如基础网络与公用事业环节，在很多时候依然必须履行应尽的社会责任而不能完全采取优胜劣汰式的自由竞争，比较竞争等有限竞争性质的制度安排显然是更适合的。

因此提高自主性继续发挥比较竞争效益，更是通过深化电力体制改革促进形成新的经济增长点的重要内容，一是通过资产重组、拆分规模过大的电网企业，形成数省规模的4—6家区域性电网企业，其业务范围一致、资产大致相当、有相同的责任使命乃至统一的定价方式，完全可以由监管机构建立专业的信息收集与指标评价体系，形成有效的比较竞争机制不断提高电网企业的安全质量水平与资产效率。二是通过将电网企业的非电网业务与电网业务分开，下放电网终端营销服务以及相应购/售电及收费权，整合省内所有地方供电企业，形成一定规模的省级电力营销服务公司，这30余家新型电力企业虽然市场容量不同，但"最后一公里"服务、权责对等的供电保障责任以及普遍服务机制是相同的，同样可以形成有效的比较竞争机制。三是对各种形式的试验示范项目，应加强监管，形成比较竞争机制，企业的、地方的、特别是中央层面部署的，例如《"十二五"可再生能源规划》提出的100个新能源示范城市、200个绿色能源县、30个新能源微网示范工程。

（4）同步加强宏观政策引导与市场监管

与前两次工业革命相比，政府公权力将在新产业革命中发挥无可替代、必不可少的重要作用。如果说第一次工业革命的主角是工程师与能工巧匠，第二次工业革命的主角是科学家与发明家，那么新产业革命的主角则可能是政治家或洞察社会变迁的优秀投资者。一方面，随着经济社会的发展，人类发展科技的主动性、目的性、预见性或曰功利性、战略性空前强化，不论是石油危机、金融危机还是"互联网泡沫"都迫使国家间竞争的战场不断前移争夺先机、抢饮头一口汤。一方面，随着经济全球化与虚拟经济兴起，资本流动不断加快、国际分工日益鲜明、跨学科跨行业跨市场的洗牌屡见不鲜，而信息产业与能源产业融合而促成的新产业革命中，每一个国家都面临更加显著的外部影响，国家间的竞争将更加残酷。另一方面，信息与能源均是重要的公共领域，通信权、能源安全都属于一国人民最基本的生存权与发展权，面对 OBAMA 挑明"中国人不能像美国人一样消费能源"的现实，更加明确了新产业革命中各国特别是新兴市场各国政府的维权职责。

新产业革命端倪初现，而技术的成熟、产业的形成、制度的完善、观念的改变特别是原有体系的新陈代谢都需要一个缓慢的过程，因此在工业革命发酵的不同阶段，政府的使命必然是不同的，需要不同的政府部门履行各自不同的政府责任。一是在技术研发阶段，由于初期技术的不成熟性以及研发活动本身的不确定性，使任何大规模建设的时间表与预算单都成为主观臆断，因此政策侧重点则放在应对风险，主要包括制订技术发展战略，监督指导电网、油气管网等成为开放的公共平台，提供技术研发所需的引致投资乃至直接组建基础研发的"国家队"，加强国际合作创造良好交流环境等等。二是在投资建设阶段，由于新能源的清洁化高效化源自外部成本的内部化，其多元化本土化更是对不合理国际金融秩序的反动，因此政策侧重点应放在控制成本，主要包括制订合理的产业发展规划与发展模式，建立刚性的成本监测与约束机制，有意识地控制消费者负担包括从政策上兼顾不同阶层的消费能力，同时建立激励性的投资收益机制，引导企业不断改进技术提高效率、探索自己的持续经营模式。三是在运行完善阶段，由于网络规模的扩展、公共性质的加强、附加服务的提高、交易复杂性的升级，智能能源网在未来运行使用中的新增风险不可忽视，因此政策侧重点应放在加强监管，有针对性地加强安全监管与电网调度管理，对电网运行质量的监测与评价，继续推进电网公平开放，加强市场秩序特别是反垄断监管，适时扩展监管内涵并积极引进信息化等"智能监管"的手段。

同样，不论技术如何进步、社会需求如何变化，电力系统最基本的技术经济特性没有变，作为社会公用事业的公益性质也无可改变。随着电网智能化的发展，电网的设备规模与地理疆界将进一步扩展、社会公共性质与外部影响将进一步加强、与相关产业相结合的附加服务与附加价值不断提高、生产交易等各种行为的复杂性也同步升级，不仅依然需要政府管制，而且政府管制本身也需要不断强化与优化。因此，同步加强宏观政策引导与市场监管，是通过深化电力体制改革促进形成新的经济增长点不可缺少的重要侧面，一是组建国家电力规划及标准中心，统筹建设规划，统一技术标准，强化政府决策的专业支撑体系，提高决策质量与中央权威。二是组建国家调度及交易中心，加强系统安全管理、维护市场交易秩序，迅速提高中央层面的决策力与管制力，减少纠纷争议，为深化电改保驾护航。三是调整电网公共环节的产业布局，形成更佳经济规模同时加强监管，建立独立的输配电价机制，提高信息透明度，抑制垄断经营弊端并形成比较竞争机制。四是通过分批扩大用户直接购电对称开放购电侧，形成"多买/多卖"平衡有效的电力交易格局，并不断完善电力市场交易模式。五是通过电网业务/非电网业务分离，组建省级电力营销服务公司，下放购售电权及收费权、终端定价权，形成权责对等的地方电力（能源）保障机制。六是及时完善电力普遍服务政策，即使出台有关标准及配套转移支付政策，使全体国民享有相对均等化的电力设施与服务。

4.13.9.4　建设智能能源网推动人类文明历史进程

能源领域的发展变革不仅是工业革命的重要推手，甚至是人类文明变迁升级的基本动力。目前能源、信息领域所酝酿的重大技术突破，不仅将引发新产业革命，而且将推动人类文明出现新的变迁与进一步升级。

从石器文明到农业文明、再到工业文明，能源的发展呈现出非常清晰的主线，既需求的规模越来越大、运输的范围越来越广、开发的种类越来越多、利用的形式越来越可控、组织的分化越来越精细与此同时所隐含的资源环境外部性问题越来越突出……

随着智能能源网的建设，伴随农业文明、工业文明而搭建起来的现有能源模式，将出现全面的反动与升华，从而推动产生比历史上任何一次工业革命都更加深刻的能源变革，帮助人类从目前的工业文明逐步走向新的生态文明（智能网络时代），在大约一万年之后再次与原始文明遥相呼应，迈上与自然环境和谐相处的台阶：

一是能源需求的规模逐步走向平衡，同时更加注重效益；二是能源运输的规模不再盲目扩展，而更强调本土化就近化的分布式能源；三是能源开发的种类更加多元，尤其注重"非常规"资源的深度利用；四是能源利用的形式更加网络化智能化，从而更好地开发消费端等效能；五是能源系统组织更加民主开放，通过产销者实现互动化个性化；六是能源外部约束问题成为推动变革的核心动力，通过大规模发展清洁、可再生能源来替代化石能源。

总之，通过深化电力体制改革来推动智能能源网建设，不仅是技术进步、产业升级的需要，也并不仅仅是着眼于塑造新的经济增长点，而是更有利于中华民族跟上历史发展的脚步，努力跻身未来文明变迁的主流，主动抓住文明升级的万年机遇，成为引领世界历史新潮流的主导者。

图表 42　引领文明变迁的能源变革

	原始文明	农业文明	工业文明	生态文明 （智能网络时代）
需求规模	规模极小	一定规模	规模增长空前爆发	供需平衡，进而提高效益维护权益
运输范围	就地分散，无需运输	距离很短，规模有限	远距离、大规模运输	本土化就近化的分布式能源
开发种类	因地制宜天然取能	种类有所增加	主动开发试验，品种多样	品种多元化，非常规资源开发
利用形式	热能等直接利用	出现机械能形式	出现电能及电网联网	网络化智能化，开发利用消费端等效能
组织系统	非专业	小型分工	大型集中专业化的产业形式	互动化个性化，向产销者开放
外部约束	与自然基本无矛盾	与自然矛盾很小	化石能源为主，与自然矛盾逐步突出	清洁、可再生能源替代化石能源，与自然相和谐

4.13.10　塑造能源产销者通过市场保障安全

4.13.10.1　中国能源安全是贯穿供/需的体系性问题，最终需要革命式的解决方案

在供给方面，一是对于国际市场日益依赖，但相应的综合竞争能力不足；二是对于国内市场开发不足，现行产业制

度壁垒限制了资源的充分利用。

在需求方面，一是城镇化工业化后半段依然需要大规模的能源支撑；二是绝大部分能源消费者缺乏市场制度支持，消费者权利不完整相应地也缺乏节能减排的自觉意识。

因此中国的能源安全问题，并不是规划、调控等单一环节的局部炎症，而是从供给到需求全产业流程的体系性病变，属于制度层面以及基础技术问题，需要通过深化改革进行革命性的解决。这不是依靠发改委、能源局，或者通过发布某些投资规划、产业政策，就能够简单解决的，需要全局性的顶层设计。

4.13.10.2 建立市场机制，塑造能源产销者，是保障中国能源安全的终极战略

允许每一个能源消费者，从现在缺乏自主权利的"用户"，转变为能源的生产 – 使用 – 贮存 – 管理等综合性的市场主体，而核心则是建立能源领域市场化的新经济模式，使上述生产 – 使用 – 贮存 – 管理行为通过市场机制都能够实现相应的价值——终端产出各类能源可有市场出售，参与各种形式储能可获回报，选择科学用能方式具有市场响应，完善自身能源管理能够获益。

最终类似1980年代中国农村土地制度改革，从原有集权化机械化的大集体生产，回归自主化生态化的个体生产，不仅与新产业革命对于前两次工业革命反动与升华的趋势高度一致，而且也从本次信息与能源产业高度融合的技术革命中，

获得了新的选择与更多的实现手段。

4.13.10.3　通过能源产销者解决能源安全问题，是新产业革命带来的历史机遇

通过居民散户、工商大户、城市园区、省市地区等多级能源产销者体系，最终解决中国整体的能源安全问题，基础建立于信息技术与能源技术的重大突破与深度融合，这也是新产业革命所带来的历史机遇。

一是能源产销者大幅降低了大规模集中的风险，多元化个性化的新的能源产销方式，有利于开发多种清洁低碳的新能源、载能体及其组合应用，通过分散合作模式解放生产力提高能源供给能力；

二是能源产销者使能源的生产与消费最大程度地拉近，本土化就近化的新的能源产销方式，每一层级区块均围绕资源配置产能，而对于能源输送需求的显著削减无疑等同于资源耗费的减少；

三是能源产销者不再是孤立静止的末端用户，网络化互动化的新的能源产销方式，可真正形成对于节能减排的自主决策，双向的信息技术则使个体效率进一步上升为系统综合效率。

4.13.10.4　深化电力体制改革，建立解放能源产销者生产力的生产关系，必将形成领导国际的增长模式

通过能源产销者解决能源安全问题，核心是建构中国能源领域的市场经济模式，这也是在新的历史时期深化电力体制改革的战略高点。通过制度创新形成服务于能源产销者的公共管理与服务体系，通过生产关系的变革形成新的经济增长点，意味着同步形成了国际领先的经济增长模式。

通过深化电改，一是政企分开调度公权独立，重组电网实施比较竞争，促进网络开放并完善公共服务；二是对称开放电力市场，占70%的大用户直接购电，形成初级产销者主体；三是占30%的小用户下放省内，自主购电定价，发展增值服务，构成电力能源合作社雏形；四是通过城市生态化能源体系而搭建平台，通过水电气热复合能源模式来丰富选择，最终借助新产业革命的技术突破产业变迁而塑造出以智能能源网为背景的能源产销者。

5. 结论与建议

5.14　本报告之基本结论

　　电力是推进国民经济增长的核心保障，没有电力的智能化增长就不可能确保小康社会建成；电力体制改革也是解决中国经济今后发展分蛋糕、反垄断优先主题。对于电力体制改革的区间我们可以有三个选择，建成小康社会之前先期实施；边建设边改革的伴随型实施；建成之后的总结清算型实施。我们认为先期实施是最理想的道路和最小代价，这个主题也是全球最核心的共同关切，具有国内外协调发展的先进性！我们认为：它在产业上可靠；体制决策上有足够保障并可以彰显中国经济模式的巨大潜力；技术上可以有效实现；财政及资金上成本低廉并有坚强保障；政治上可以实现反垄断、调动地方积极性、广泛汇聚创新力量推动经济结构战略性转变！十八大报告中提出，"全面建成小康社会，必须以更大的政治勇气和智慧，不失时机深化重要领域改革，坚决破除一切妨碍科学发展的思想观念和体制机制弊端，构建系统完备、科学规范、运行有效的制度体系，使各方面制度更加成熟更加定型"。而电力产业就是位居中国重要领域改革最前沿的组元，需要新一届中央集体以更大的政治勇气和智慧，不失时机实现电力体制进一步的变革。

图表 43　新一轮电力体制改革目标框架

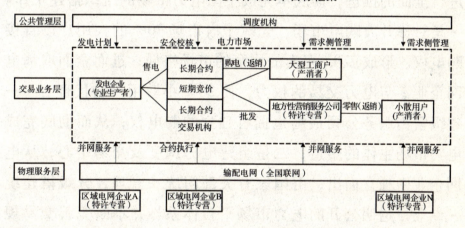

与此同时，十八大报告还提出："当前和今后一个时期，要加强生态文明制度建设。"而电力体制改革是这个体系建设的核心机制之一，具有牵一发而动全身的功效。它是生态文明基础组元；它具有生态系统的高层级结构；它发挥的复杂功能可以使生态文明达到不断进化的状态！

深化电力体制改革，对于所有相关方——各类电力企业、消费者、央/地各级政府、包括电力市场本身以及新技术新产业发展——将产生不同而有益的价值。

5.14.1 对于电力市场的价值分析

上一轮电改 10 年以来，虽然坚持了市场化的基本方向，但改革进展相对缓慢，仅仅开放了购电市场形成了多元卖电者，对于电力市场建设以及相应市场监管依然还属于探索。

在新的历史时期深化电改，将对电力领域的市场化建设进行全面的推进，彻底本完成中国电力市场的组织搭建工作。一是对称开放购电市场，先赋予占市场 70% 的大用户以直接购电权，形成多买/多卖的均衡的市场格局；进而全面取消电网企业参与电力交易的权力，使 30% 小散用户的代理者——省级营销服务公司最终也拥有独立的购电权，从而彻底完成电力市场主体的塑造；二是组建电力调度及交易中心，从电网企业中独立而出，由国家有关部门统一管理，分级搭建统一专业、透明公开的电力市场平台体系，并不断完善交易规则，丰富交易品种，加强市场监管。

5.14.2 对于发电企业的价值分析

上一轮电改 10 年以来，发电企业虽然获得自主发展、多元竞争的市场环境，但总体失大于得：一是电网企业独家收购、既当裁判有下场踢球的极度不平衡的市场格局，发电企业在市场交易中处于完全的劣势；二是由于长期人为抑制电价，发电企业被迫消化了大部分煤炭涨价成本，造成政策性亏损，经营极为困难。

在新的历史时期深化电改，一是将通过调度交易机构独立、并通过对称开放购电市场而形成多买/多卖的均衡市场格局，发电企业在电力交易中将得到更加公平的环境；二是通过大用户直接购电、输配电价独立核算以及下放地方终端定价权，将极大程度上疏导电煤矛盾，使发电企业获得可持续的发展模式，彻底摆脱经营困境。与此同时，随着建设智能能源网、解放能源产销者生产力，现有发电企业的市场将受到一定的冲击，需要进一步树立各自的竞争优势。

5.14.3　对于电网企业的价值分析

上一轮电改10年以来，电网企业特别是两大央企获得了即使在计划经济时代也没有的特殊市场地位——电力调度及交易机构完全成为下属机构，在电力交易中独家买卖，经营的环境异常优越。虽然总体得大于失，但也存在一些困扰，例如输配电网缺乏独立的定价机制、企业收益的不确定性较大，例如多种业务并存包括很多社会责任使命造成交叉补贴比较混乱，例如企业规模过大集约化控制与针对性需求之间无法兼顾等。

在新的历史时期深化电改，一是通过调度交易等公共职能独立、下放网络末端营销服务业务、取消电力购售权以及建立独立输配电价等，使电网企业的业务结构得到极大地简化，可以专心于输配电专业服务并获得稳定的收益；二是通过拆分重组使电网企业获得更加经济的规模，有利于进一步提高经营效益。

但与此同时，电网企业的资产规模、收入规模包括现金流量都将显著下降，对于行业的影响力也将降低，同时又出现新的比较竞争的压力，心理落差势必较大。

5.14.4 对各类消费者的价值分析

上一轮电改 10 年以来，虽然供电服务水平有所改进，但广大电力消费者并未得到充分保障：一是电荒问题没有得到根治，农村供电质量不高，工业用户多被行政性纳入"有序用电"；二是"电力用户"依然缺乏电力消费者的应有权利，包括电力供应形势、电能质量、电力成本等等方面知情权，更无从进行自己的选择；三是现行电力体制基本禁绝了非电力企业自主处置供电事务的权力，增加了供需双方的风险。

在新的历史时期深化电改，一是通过开放购电市场，使大用户获得直接购电的权力，知情权、选择权得到极大改进；二是小散用户虽然依然通过代理商购电，但由于代理商从超大型央企分散下放为地方性的服务公司，使用户可以获得更好且更有针对性的服务；三是随着建设智能能源网，广大电力消费者可望逐渐成为"能源产销者"，可以多种方式自主安排自身的能源包括供电事务，甚至可以销售获利，类似1980 年代农村土地承包到户后的农民，广大电力（能源）消费者也将通过深化电改而获得显著的效益同时极大地解放生产力。但与此同时，广大消费者在进入市场、自主选择的同时，也势必面临市场的风险，必须随着上游资源的市场波动而承受更不确定的电力价格，最终更加自觉地节能减排，科学用能。

5.14.5　对于中央政府的价值分析

上一轮电改 10 年以来，虽然中央政府的权力依旧，但总体失大于得：一是对于电力（能源）领域决策能力越来越低，不论规划、价格、产业政策的系统性科学性都越来越差，权威性执行力不断下降；二是对于电力（能源）领域的控制能力越来越弱，垄断集团日益强大，电煤矛盾愈演愈烈，电荒保电协调无力，建设领域无序依旧；三是深化改革的压力越来越大，很多矛盾逐步指向政府特别是中央政府的权力体制，中央政府不仅有责任推进改革，还需要改革自身。

在新的历史时期深化电改，一是通过组建由国家有关部门直接管理的调度交易机构、规划标准机构，来强化中央政府在电力（能源）领域的决策支撑体系，通过提高科学决策能力，来提高中央层面的权威性与控制力；二是通过调度独立、拆分重组来削弱超大型电网企业的影响力，减少改革阻力；三是通过下放终端定价权等等建立权责一致的地方保电责任机制，明确央/地责任分界；四是通过启动新一轮电改这一行动本身，树立新的形象与权威。但与此同时，在向市场或者地方放权让利的同时，对中央政府监督检查、市场监管及政策指导、跨区域跨行业协调的要求反而更高。

5.14.6　对于地方政府的价值分析

上一轮电改 10 年以来，地方政府虽然借助发电环节多元化应对了世纪之初的硬缺电，但总体失大于得：一是由于能源价格机制长期不顺，新型电荒复杂难解，即使山西等能源大省都出现供电缺口，地方政府更无力应对；二是中央电网企业以高度集权方式进入地方供电领域，地方政府在电力（能源）事务领域日益受制于人、无法自主；三是地方供电特别是农村供电依然缺乏长效机制，普遍服务及转移支付政策不到位，使地方难以运做。

在新的历史时期深化电改，一是电网业务/非电网业务分开之后，组建省级电力购销服务企业，通过放权让利，完善业务模式、经营模式以及电力普遍服务标准及配套转移支付政策，形成了权责对等的地方电力保障机制，有利于保障民生、满足地方自身需求；二是允许地方组建多种形式的能源企业，通过建设复合能源网以及城市生态能源体系，使地方获得最大限度的能源事务自主权，同时成为节能减排的自觉主体，真正实现做实地方。但与此同时，由于承担了电力（能源）领域保障供给、控制价格以及新产业发展的重大责任，将使地方政府面临比较竞争的政治压力。

5.14.7　对新技术发展的价值分析

上一轮电改 10 年以来，虽然电力科技领域成果显著，但依然缺乏对于新技术发展的有力支撑：一是基础研发包括规划标准都公共事务，很大程度围绕企业特别是大型垄断企业开展；二是电网作为公共平台自身却具有强烈的利益驱动，难以对新技术公平开放；三是很多权力过多集中在中央部门，很多市场与资源过多被央企圈占，留给基层多样化发展的空间较小。

在新的历史时期深化电改，一是将规划、标准等公共职能从企业转为政府直接管理，全面服务于各市场主体；二是通过削减净化业务、缩小企业垄断规模，降低电网企业干预市场的能力与意愿；三是大幅度放权让利、开放相关领域市场与资源，允许各地方在电力（能源）新技术领域多元发展、广泛试点。

5.15　电力体制改革启动的战略政策建议

伴随着美欧开始推动再工业化运动，2013 年的世界经济格局将发生更为复杂的演变，电力是内需经济，它的改革主动权在中国自身；电力是经济发展的动力，需要兵马未动，粮草先行，及时启动！对此，政策建议如下：

5.15.1 加强电力体制改革的顶端设计决策实施，健全电力体制改革与实施的组织支撑

加强顶层设计，将推进电力体制改革纳入国家经济社会发展规划和新一届政府的主要改革计划，抓紧制定电力体制改革方案。明确部门职能，加强部门间协调，统筹推进改革工作。电力既是我国行业改革的深水区之一，也具备率先启动改革连带其他变革的有利条件，"十八大"之后，我国将进入一个新的改革窗口期，完全可以成为第五代领导集体展现新思想新举措新力量新成就的突破口。

其优势如下：一是电力产业国有资产比重高，集约化管理基础好，队伍整体素质高，对国家有关决策具有较好执行力；二是电力产业具有良好的安全基础与社会责任意识，"安全第一、预防为主""人民电业为人民"等行业文化深厚，改革的风险可控；三是电力产业作为基础产业中的改革先行者，改革意识深入人心，深化改革的社会舆论基础较好，可望形成试点示范效应；四是电网是新能源、智能网络等"新产业革命"重要新技术新产业发展的公共平台，深化电改的外部效益可以辐射到更多产业，形成新的经济增长点；五是通过深化电力体制改革，有利于更好保障基本民生权利、实现能源基础服务均等化，有助于和谐稳定体现新一届政府的工作成效。

5.15.2 加强领导、发挥中央政府战略主导作用，形成全社会共同推进电力体制改革的新局面

深化电力体制改革不仅头绪繁多、专业性强，触动利益复杂、阻力难免。加强领导、发挥中央政府战略主导作用，形成全社会共同推进电力体制改革的新局面。伴随着电改的进一步深入，中央层面有关部门的部分权力（如终端用电定价权，以及部分基层项目审批权）需要下放给地方，或者彻底交给市场（例如发电上网定价权），同时一些新的问题需要加强监管并调整改进自身工作；地方政府的部分行政权力也将交还市场，例如电力计划分配；一些大型央企的市场与权利必然受到触动，包括发电企业；两大电网企业将面临更大转型，从巨无霸的强势集团转变为比较竞争机制下的专业性服务组织。整个社会既需要理解转型痛苦，也要把握转型机遇！

应该看到，按照上述线路图深化电力体制，对相关各方都将产生不同而有益的价值，最终从整体上实现更有价值的社会经济效益与国际政治影响。通过深化电改，地方政府继土地要素之后将很大程度获得能源要素的自主权，有望形成引领地方经济社会发展的又一引擎；中央政府虽然下放了部分权力，但提高了决策与控制能力、加强了权威；大小电力用户不但实现了更完整的消费者权益，而且获得成为能源产销者的重要历史机遇；发电企业彻底摆脱了目前的困难处境，

新技术企业获得了更加开放的发展平台，即使是电网企业也得到了稳定持续的经营模式，总之，按照深化电力体制的前景，可以实现普遍的价值递增，可以团结最广泛的支持力量。

5.15.3 编制发布新型电力体制改革的纲领性文件

2002 年 2 月 10 日，国务院印发了《关于电力体制改革方案的通知》（国发 ［2002］5 号文件），正式开启了上一轮电力体制改革的大幕。5 号文件系统阐述了启动电力体制改革的必要背景、指导思想、总体目标、主要任务、步骤规划、配套措施及组织领导等。10 年以来，虽然 5 号文件在执行中并不顺利，部分改革任务至今没有落实，但依然为有关改革工作的推进提供了基本的政治保障，坚持了最基本的市场化的改革方向。

深化电力体制改革，有必要编制发布新的纲领性改革文件。据此，一是继续明确强调电力市场化改革的战略价值取向，建构国际领先的中国能源市场经济和生态文明，为电力体制改革事业提供坚实有力的政治保障，并明确推进深化电力体制改革的领导与组织措施。二是及时调整完善电力市场化改革的整体行动方案，通过全面反映 10 年以来对于电力产业改革发展客观规律的新认识，总结经验，形成新的社会话语体系，梳理改革的思路与目标，部署新的改革任务，以使改革决策更加科学可行早出成效。三是进一步提升扩展电力市场化改革的经济社会效益。通过编制发布新的电改方案，不仅可以促进电力发展、治理行业积弊，保障民生权利，还可以梳理央地权责，支撑宏观治理，带动发展转型，塑造新增长点，特别是推进智能能源网建设，抢占世界新产业革命的制高点。

6. 影响与意义

目前，电力体制改革正在美国、欧盟、印度、巴西、韩国等发达国家和转型经济国家同时展开，如果中国置身这个洪流并发挥领导作用，意味着就形成了21世纪全球新产业革命起点。电力体制的历史影响不仅在于要拥有高度的工业能力，而且还需要发展先进的市场网络、金融支持能力，更需要建构能源信息网络，实现互联网和能源网络、特别是电力网络的革命，这实际上意味着创造了国家新的经济的爆发点和新产业革命的增长空间，它的作用类似工业革命对欧洲、美国的历史作用。

电力体制改革是一场社会革命，它的本质是改造工业社会创造的精粹之一——等级制、集权化管理的电力体系，并将这种集权化的电力能源生产方式变革为消费者和生产者共同互动的网络化生产方式，这将颠覆、改变现有的电力产业的国际技术标准、电力产业流程、建造新的大众化的电力合作社等劳动组织和产销者等新的生产方式。

电力体制改革对中国而言，革命的意义更加深刻！中国几千年来对生产力的组织形式划分为王道和霸道；无为和有为；等级制和自组织；个人英雄和集体智能两类。20世纪中国农村体制改革的成功说明，战略上政府主导，体制上放松管制，发展上有效竞争，创新上适应突变，世界的创造力在人民头脑里，焕发整个社会的生产力不断进步的激情是改革的落脚点。目前中国面临的就是要在能源、特别是电力产业启动松绑、竞争、突变这些改革机制，并推动先进的技术和市场交换网络应用到电力产业保持创新和领先，优先实现从集权制电力管理转变到社会网络化电力管理模式。电力产业这些管理的革命还将延伸进能源领域，能源领域的成功则将推动整个经济体制的重大转变，因此，以电力产业的市场秩序建设作为改革的支点和杠杆，它将支撑起中国社会变迁的整体创新！

总之，在新的历史时期深化电力体制，不仅是电力行业的重大事件，而且将产生更加深远的产业影响、经济影响、政治影响以及国际影响。

6.16　产业影响

新一轮电改的产业影响主要是能够革命性地重新组织电力能源生产方式，再造新型产业结构和发展需求。

首先造就新的生产方式和产业组织：伴随着生产主体复杂化，社会化，新型的产销者将改变传统的生产者、消费者。例如：在中国的城市化进程，农民——粮食产销者在逐渐减少，但通过深化电改、推进智能能源网建设，能源产销者将越来越多，每一座楼宇、每一个家庭都可能成为电力（能源）生产/消费/转换/交易的一个结点，他们或者部分满足自身需求，或者将多余产品出售，通过双向互动使供需灵活转换，能源的种类将更加多元化本土化，能源的生产更加分散化就地化，对于公共电源——大电厂——的需求将减少，对于远距离配置资源——大电网——的需求也将减少。

其次，伴随着电力流程的转变，新的电力产业将蓬勃发展，先进的储能产业将成为与发电、输电、配电、用电同等规模的产业，新型的纳米液态电池的商业化运用，将使电动车更换电池如同加油一样便利，其产业前景巨大。其他方面而言：现代能源传感技术产业、建筑电力智能能源管理系统、电动交通能源管理系统、新能源车辆电动系统、电力能源新材料、电力用户端综合管理系统及相关产业都将重塑电力产业版图，颠覆传统电力产业框架。

6.17　经济影响

新一轮电改的经济影响，将改变中国的城市化进程，改变财富增长，改变消费方式，成为经济发展的创新引擎！

我国是世界上装机容量最大的国家，也是电力消费总量最大的国家，每年维持着 GDP1% 以上、大约 8000 亿人民币的电力产业投资，以电力产业体制改革作为转变经济发展方式的战略突破口，符合中国国情和发展特征，它将传导并延伸到整个社会和产业的各个领域，提高中国经济的协调性、智能化、可持续性。巨大的投资可以构建我国经济发展的长效机制，促进经济增长向依靠本国消费、投资方向转变，提升整个制造业的核心竞争力，形成战略新兴产业，造就一个全新的电力产业服务业横空出世，构建我国经济发展战略引擎！

过去10年曾经出现过一波世界范围的一次能源价格上涨周期，由于国内相关管治机制和应对政策的滞后，曾经传导到国内市场的巨大溢价主要被有关利益集团把握，如此这般不仅对全国消费者形成了财富剥夺，贫富差距也推就一系列严重社会问题。未来10年中国依然处于财富较快积聚阶段，电力体制的优劣不仅事关财富的创造，也同样关系到财富的分配，而执政的最高成就以及国民最终的幸福感，将取决于财富创造与财富分配二者的和谐。

改变社会消费方式，电力革命使得消费者获得财产性收入，这将极大地提高人们的消费能力，完善处于整个社会收入中下层的大众消费者的消费能力建设，购买比以前更大范围的消费品、特别是耗电机械，大众电力消费将实现整个社会的生态消费，这将成为21世纪的消费社会标志！

6.18 政治影响

新一轮电改的政治影响，主要是确立电力能源领域市场化的经济模式和科技创新能力。

与美国、欧洲建立分层电力系统的时间相当，中国开始了近代工业建设的洋务运动，中国出现电力系统与完全普及电力系统相差了近百年，百年区间里，虽然，中国获得了先进的电力技术体系、电力制造业能力，但是，我们还没有建立宏大的市场架构、电力网与互联网的融合机制、以及以消费者、产销者为核心的需方生产力，确切地说就是缺少电力领域消费者的直接参与、直接民主；缺少电力领域的知识经济、绿色经济；缺少电力领域私权力和公权力的分立。而电力革命的到来恰恰是要赫然建立现代世界市场经济体系和现代文明体系，在这个世界上最通用的产业领域内实现现代化、智能化，形成中国产业领域最宽幅的生产者、消费者的私权力，以及在这个产业民主活力基础上最高效的公权力，实现这个目标，不亚于中国对文官制度的创立的贡献，这将颠覆传统的工业社会结构，也将构造出中国现代化文明体系的基础。

21 世纪中国对世界的影响力不仅在于其有能力发展大规模的生产体系，实现工业革命、科技创新、城市变迁，更在于能够建立最先进的超级市场网络组织和新的生产方式和消费方式，实现管理革命。电力管理革命的实质就是结束人们在能源领域被划分为生产者和消费者，以及生产者、或者电力经纪人电网公司可以依据等级制的垄断权力控制消费者的管理组织。人们不再认为电力生产者高于消费者，也不再认为消费者在电力公权力的社会底层。电力管理革命可以使生产者和消费者在全国范围、甚至国际范围内相互选择、相互进化，消费者不但将参与电力能源生产、把握自身的能源效率，而且把这个行为视为可持续的社会力量和自身固有的权力，这将导致发展到比工业社会更高端层次。

6.19   国际影响

新一轮电改在国际上最大的影响力就是推动中国成为与美国、欧洲并列的全球能源创新中心，伴随着中国电力体制创造成熟大国先进的电力市场交换网络，全球电力能源体制将发生巨变，国际能源分工将通过能力，而非资源实现新的分工。

第一次工业革命，于 18 世纪晚期从英国开始；第二次工业革命，于 20 世纪早期从德国、美国开始。这两次工业革命不仅造就了新的世界霸权，也反衬出古老中国的逐步没落。注定将于 21 世纪开始新的产业革命，目前已经初现端倪，这一次，中国与其他国家站在同一起跑线上。因此，对中国而言，通过电力体制改革重建全球新的能源分工，这本身就是一件改造历史的事件！

6.20   建国以来中国电力管理体制沿革重大事件参考

图表 44   建国以来中国电力管理体制沿革

主要管电部门	时　间	内　容
1. 燃料工业部	1949—1955 年	成立燃料工业部，统一管理全国煤炭、石油、电力工业。

续表

主要管电部门	时　间	内　容
2. 电力工业部	1955—1958 年	撤消燃料工业部，分别成立电力工业部以及煤炭部、石油部。
3. 水利电力部	1958—1979 年	合并水利部与电力工业部，成立水利电力部。 　其中文革期间（1967—1975 年）实行军管，即军管会领导。
4. 电力工业部	1979—1982 年	撤消水利电力部，分别成立电力工业部和水利部。 　期间 1980 年成立国家能源委（国务院副总理兼主任），协调管理水利部、电力部、石油部和煤炭部，两年后解散。
5. 水利电力部	1982—1988 年	将水利部、电力部合并为水利电力部。 　1985 年开始大力推行集资办电；1988 年国务院批复同意华东电网"政企分开、省为实体、联合电网"电力体制改革试点，拉开电力政企分开的序幕。
6. 能源部	1988—1993 年	成立能源部，撤消水利电力部以及煤炭部、石油部、核工业部，改组为石油总公司、煤炭总公司、核工业总公司和中国电力企业联合会。 　能源部是国务院统管全国电力工业的行政主管部门，对全国电力实行全行业管理。明确行业管理、规划、政策、协调、立法以及技术标准、定额、行业规章等职权。 　将网局改建为联合电力公司，省电力局改建为省电力公司（两者双轨制运行），都是独立核算、自负盈亏的法人实体。 　国务院印发《电力工业管理体制改革方案》，明确"政企分开、省为实体、联合电网、统一调度、集资办电""因地因网制宜"等方针。 　另成立电力企业联合会，根据能源部委托，协助行使相应的行业管理职能。

续表

主要管电部门	时　间	内　容
7. 电力工业部	1993—1998 年	撤消能源部，成立电力工业部和煤炭部。 明确指导思想：政企分开，简政放权，由部门管理转向行业管理，加强规划、协调、监督、服务职能。下放和转移了对企业人、财、物及经营管理的职能，加强了电力行业发展战略、规划，政策、法规和体制改革，监督国有资产保值增值，协调电力生产、建设和集资办电中的重大问题等宏观管理职能。 1995 年通过《电力法》，其后陆续颁发《电力供应与使用条例》及配套管理办法。 1996 年组建国家电力公司，与电力部两块牌子、两套班子双轨运行。电力部继续行使对电力工业的行政管理职能，国有资产经营职能和企业经营管理职能移交给国家电力公司。
8. 国家经贸委 +国家计委	1998—2002 年	撤消电力工业部，将电力工业部和水利部的行政管理职能移交国家经贸委，行业管理职能移交中电联；分别组建中石油和中石化两大集团；煤炭部降为煤炭工业局，煤矿大部分划归地方。 经贸委电力司负责电力规划、立法、产业政策、技术标准、技改项目等职能；国家计划委负责基建审批、专项规划、电价制订及检查等；财政部、水利部以及环保、安监、工商、技监等其他部门也有一些管电职能。 各省均不设立专门的电力管理部门，原省电力局（公司）承担的行政管理职能移交给地方综合经济管理部门。 2000 年成立国务院电力体制改革协调领导小组，办公室设在国家计委。

续表

主要管电部门	时 间	内 容
9. 国家发改委 ＋国家电监会	2002—2008 年	国务院印发国发［2002］5 号文件，实施又一轮电力体制改革。 成立国务院电力体制改革工作小组，办公室设在电监会。 对原国家电力公司进行拆分重组，组建了五大发电集团、两大电网公司和四大电力辅业集团。 成立国家电监会（正部级）；撤消国家经贸委，其原来承担的行业管理、技改投资等职能移交发改委，市场监督职能移交电监会。国家电监会行使行政执法职能，并依照法律法规统一履行全国电力监管职责，主要包括电力安全监管、市场监管、供输电监管、业务许可等。在中央层面形成以国家发改委、国家电监会为主，国资委、财政部、环保、技监等部门相配合的管电体系。 国务院办公厅印发《电价改革方案》（［2003］63 号），建立煤电联动机制；颁布《电力监管条例》，在东北、华东以及南方开展区域电力市场模拟，在吉林、广东等地逐步启动大用户直购电试点。 2005 年成立国家能源领导小组（国务院总理兼组长），作为高层议事协调机构；下设"国家能源办公室"（简称"能源办"），作为日常机构挂靠国家发改委。
10. 国家能源局 ＋ 国家电监会	2008 年至今	设立国家能源局（副部级），为国家发改委管理的国家局（前身为 2003 年发改委内设的"能源局"）。国家能源局负责有关战略规划、项目审批、行业管理以及能源立法与产业政策等；但电价审批等管电职能仍然在发改委其他司局。 2010 年成立国家能源委员会（国务院总理兼主任），作为中国能源领域的最高战略决策和统筹协调机构；办公室主任由发展改革委主任兼任，副主任由能源局局长兼任，办公室具体工作由能源局承担。 2011 年深化主辅分开改革，组建中能建、中电建两大辅业集团。

资料来源：《中国电力管理体制的演变与分析》《从集资办电到电力体制改革》，等等。

数据来源及参考文献

A. 中国电力基本情况与统计

1. 历年《国民经济和社会发展统计公报》，国家统计局

2. 《改革开放三十年统计资料汇编》，国家统计局

3. 《能源数据手册》，国家能源局

4. 历年《电力监管统计资料汇编》，国家电监会

5. 历年《电力监管统计数据分析手册》，国家电监会

6. 历年《电力工业统计资料汇编》，中电联

7. 历次《电力工业统计月报》，中电联

8. 历年《中国电力工业统计数据分析》，中电联

9. 历年《中国电力年鉴》，中国电力出版社

10. 历年《电力监管年度报告》，国家电监会

11. 历年《中国电力行业年度发展报告》，中电联

12. 《改革开放三十年的中国电力》，中电联

13. 历年《年度会议总经理工作报告》，两大电网公司、

五大发电集团

B. 中国电力部分专题情况报告

14.《全国大型发电企业调查报告》，国家电监会

15.《五大发电集团发展研究》，国资委

16.《五大发电集团多元化发展研究》，中电联

17. 历年《电力企业财务决算报告》，两大电网公司、五大发电集团

18.《全国地方电力企业调研报告》，国家电监会

19.《县级供电企业现状调研报告》，国家电监会

20.《全国电力大用户、独立配电企业基本情况调查分析报告》，电监会

21.《全国企业自备电厂情况通报》，国家电监会

22. 历年《供电服务监管报告》，国家电监会

23.《新疆、西藏及四省藏区电力发展调研报告》，国家电监会

24.《全国无电村、无电户基本情况》，国家电监会

25.《全国无电地区、无电人口有关情况监管报告》，国家电监会

26. 历年《电力安全监管报告》及《电力安全生产情况通报》，国家电监会

27.《（电力）工程建设标准强制性条文执行情况监管报告》，国家电监会

28. 历年《电价执行情况分析报告》，国家电监会

29. 历年《电力工程项目造价情况通报》，国家电监会

30. 《煤炭的社会全真实成本》，中国可持续能源项目

31. 历年《电力"三公"调度交易及电费结算情况通报》，国家电监会

32. 《跨区跨省电能交易检查情况通报》，国家电监会

33. 《跨省跨区通道电能交易价格监管报告》，国家电监会

34. 《交流特高压输电调研报告》，国家电监会

35. 《"十一五"电网运营情况调研报告》，国家电监会

36. 《2010年及"十一五"电力行业节能减排情况通报》，国家发改委

37. 历年《电力企业节能减排情况通报》，国家电监会

38. 《再生能源电量收购和电价政策执行情况专项检查通报》，国家电监会

39. 《可再生能源发电全额保障性收购情况调查报告》，国家电监会等

图书在版编目（CIP）数据

深化中国电力体制改革绿皮书纲要／武建东主编.
-- 北京：光明日报出版社，2013.3
　ISBN 978 - 7 - 5112 - 4100 - 9

　Ⅰ.①深…　Ⅱ.①武…　Ⅲ.①电力体制改革—研究—中国
Ⅳ.①F426.61

　中国版本图书馆 CIP 数据核字（2013）第 038374 号

深化中国电力体制改革绿皮书纲要

著　者：武建东　主编	
出版人：朱　庆	终审人：孙献涛
责任编辑：宋　悦	责任校对：傅泉泽
封面设计：小宝工作室	责任印制：曹　净

出版发行：光明日报出版社

地　　址：北京市东城区珠市口东大街 5 号，100062

电　　话：010 - 67078252（咨询），67078870（发行），67078235（邮购）

传　　真：010 - 67078227，67078255

网　　址：http://book.gmw.cn

E - mail：gmcbs@ gmw.cn　songyue@ gmw.cn

法律顾问：北京市洪范广住律师事务所徐波律师

印　　刷：北京楠萍印刷有限公司

装　　订：北京楠萍印刷有限公司

本书如有破损、缺页、装订错误，请与本社联系调换

开　　本：710×1000　1/16	
字　　数：137 千字	印　张：16.5
版　　次：2013 年 3 月第 1 版	印　次：2013 年 3 月第 1 次印刷
书　　号：ISBN 978 - 7 - 5112 - 4100 - 9	
定　　价：50.00 元	